_____ 님께

행복과 행운이
함께 하시길

미성수 안오제 박시동 드림

대한경제부흥회

대한경제부흥회

초판 1쇄 발행 2024년 9월 10일
초판 2쇄 발행 2024년 9월 30일

지은이 | 이광수, 박시동, 안진걸
펴낸이 | 김보경

편집개발 | 김지혜, 하주현
디자인 | 박대성
영업 | 권순민
기획마케팅 | 박소영, 송성준
제작 | 한동수

펴낸곳 | (주)지와인
출판신고 | 2018년 10월 11일 제2018-000280호
주소 | 서울특별시 마포구 양화로1길 29, 2층
전화 | 02)6408-9979 FAX | 02)6488-9992 e-mail | books@jiwain.co.kr

ⓒ 이광수, 박시동, 안진걸, 2024

ISBN 979-11-91521-38-2 03320

· 책값은 뒤표지에 있습니다.
· 잘못된 책은 구입처에서 바꿔 드립니다.
· 이 책은 저작권법에 따라 보호받는 저작물이므로 무단 전재와 무단 복제를 금하며,
  이 책 내용의 전부 또는 일부를 이용하시려면 반드시 저작권자와 출판사의 서면 동의를 받아야 합니다.
· '지식과 사람을 가깝게' 지와인에서 소중한 아이디어와 원고를 기다립니다.
  연락처와 함께 books@jiwain.co.kr로 보내주세요.

우리는 왜 돈을 못 버는가 ~*

대한경제 부흥회

이광수 + 박시동 + 안진걸

우리도 한번

돈 벌어보세

프롤로그

양치기 소년의
진실

• **박시동** 여기저기에서 위기라는 사이렌이 계속 돌아가고 있습니다. 한국경제 위기, 어디서부터 어떤 얘기를 하면 좋을까요?

• **이광수** 일단 변동성이 굉장히 커지고 있습니다. 경제에서 중요한 건 얼마나 지속적으로 변화하느냐예요. 예측 가능한 범위에서 변화하면 크게 위기를 겪는다거나 위험하지 않거든요. 중요한 건 변동성이 커질 때 위기도 커진다는 겁니다. 그런 차원에서 지금 한국의 모든 지표들이 큰 변동성을 보이고 있습니다. 물가, 금리, 환율, 수출, 기업의 실적과 부채도 그렇죠. 우리가 위기의식을 가져야 한다고 봅니다. 문제는 실제로 이 위기를 해결할 수 있는 사람들이 경제 위기에 무감각하다는 거예요.

• **박시동** 경제야 늘 어렵지 뭐, 이런 식으로 대하잖아요. 그러나 지금은 그냥 넘어갈 상황이 아니다.

• **이광수** 양치기 소년 같은 거죠. "늑대가 나타났어요"라고 했는데 세 번 정도 안 왔어요. 그런데 앞으로 진짜 올 것 같아서 또 말했더니, 이제는 이 말이 잘 안 먹힌다는 거죠.

• **박시동** 한국경제가 위기 상황인 것도 큰 문제고, 위기라는 경고를 아무리 말해도 심각하게 느끼지 못하는 '내성'이 너무 큰 것도 문제입니다.

• **안진걸** "경제가 좋았던 적이 있었냐!" 이렇게 냉소하는 분들이 있죠. 그런데 돌이켜보면 좋은 적도 있었거든요. 뚜렷하게 발전하는 시대도 있었고요. 당장 문재인 정부만 해도 세계적인 코로나팬데믹 상황과 러시아-우크라이나 전쟁이라는 외부 요인까지 있어서 불안했을 때, 주식이나 코인이 잘됐단 말이에요. 자영업자나 중소상공인이 하는 말이 있어요. "코로나 때 인원 제한 때문에 사람들이 못 온 거지, 단골들은 돈을 쓰고 갔다." 돈이 있었다는 거죠. 그런데 지금은 정말로 손님들이 "주가가 폭락했어요, 코인 망했어요…" 하면서 돈이 없다고 해요. 예전에 2주에 한 번 와서 위스키 먹던 걸, 그냥 소주를 마신대요. 한 달에 두 번 가던 것을 한 달에 한 번으로 줄이기도 하고요.

문재인 정부 때가 좋았다고 말하려는 게 아닙니다. 그때는 그때대로 얼마나 많은 위기와 고민이 있었나요. 그런데 비교해보면 지금이 훨씬 생활의 위기, 서민과 중산층의 경제 위기라는 거죠. 물가의 경우, 설탕만 봐도 얼마 전 수치로 17%가 올랐어요. 우윳값도 올랐죠.

• 이광수   교통비도 많이 올랐어요.

• 안진걸   버스비가 300원, 지하철이 150원 올랐고 또 오를 예정입니다. 택시비도 올랐고요. 자영업자들이 이 변화를 이해합니다. 손님들이 10시가 되기 전에 2차를 안 가고 귀가합니다. 택시비가 비싸니까, 할증 붙기 전에 1차에서 빨리 끝내는 거죠.

• 박시동   제가 관심 있게 보는 건 우리 코스피시장입니다. 최근 1~2년 세계 증시는 역사상 최고의 잔치를 벌였다고 볼 수 있죠. 미국 증시가 가장 좋은 성적을 보여줬고, 유럽도 마찬가지입니다. 이웃 나라 일본도 사상 최고치를 터치했었죠.

    반면 2024년 5월 24일 기준으로 코스피는 1.22%의 상승률을 기록했는데, 같은 기간 세계은행에서 정의하는 고소득 OECD 국가 32개국 중 28위에 그쳤어요. 전쟁 중인 러시아 9.65%와 이스라엘 6.06%보다도 낮죠. 3년 치로 확대해서 보면 더 처참합니다. 한 수 아래로 봤던 대만 증시의 시총 합계가 코스피, 코스닥 합계 시총보다 이미 581조나 많아요.

• **안진걸** 코스피 지수가 폭락하기도 했죠.

• **박시동** 코스피 상황이 진짜 우리 경제 위기의 현주소를 보여준다고 생각해요. 우리가 보고 있는 위기의 징후든, 우리가 보지 못하는 것이든 그 모든 걸 시장이 지표로 말해주고 있다고 봅니다. 우리는 우물 안 개구리처럼 우리의 위기를 보지 못하지만, 어쩌면 외국인들은 한국경제의 위기를 밖에서 먼저 보고 부정적인 판단을 내리고 있는 건 아닐까 싶어요.

실제로 2024년 초만 해도 안보 위기까지 겹치면서 외국인의 투매가 있었고요. 2023년 11월에는 2주 동안 연속 매도인 때도 있었습니다. 하루도 안 쉬고 코스피시장에서 주식을 던졌던 거예요. 14거래일 연속 매도 우위가 역대 최장기 기록이었는데 깨진 거거든요. 한국경제의 위기를 코스피가 말하고 있는데, 우리는 애써 외면하면서 위기를 직시하지 못하는 것 같아 안타깝습니다. 위기를 마주하는 것도 용기가 필요해요. 이제는 용기를 내야 할 때인 것 같습니다.

• **이광수** 저도 애널리스트를 오랫동안 하면서 외국인 투자자들을 많이 만나봤잖아요. 독특한 측면이 있어요. 그들은 한국 주식의 비중이 매우 적기 때문에 많이 고민하지 않습니다. 솔직히

있어도 그만, 없어도 그만인 경우가 있어요. '진짜 안 좋네, 다 빼버려' 이럴 수 있다는 거죠. 그러니까 외국인 투자자들이 빠져나가는 건 의미가 있다는 거고요. 외국인들이 돈을 많이 갖고 있으니까 아무래도 정보도 많잖아요. 그런 측면에서 우리가 모르는 뭔가가 있을 수도 있겠다는 생각이 듭니다.

• **박시동** 우리가 놓치고 있는 것들이 몇 가지 있을 텐데요. 예를 들어서 세계국채지수(WGBI)라는 것이 있습니다. 주요 선진국의 국고채시장으로 만든 인덱스지수인데, 여기에 편입이 되면 그 지수를 추종하는 펀드들이 실물로 국채를 사야 하거든요. 그런데 주요 선진국 중에서 이 지수에 편입이 안 된 나라가 대한민국과 인도밖에 없습니다.

• **안진걸** 이 사실을 알려주면 다들 놀라긴 하더라고요.

• **박시동** 정부가 WGBI에 꼭 들어가겠다면서 이런저런 제도를 바꾸고, 시장에 희망 섞인 호언장담도 내놨었죠. 업계에서는 '저렇게 희망적으로 이야기하는 거 보니까 이번에는 되나 보다' 이렇게 생각했어요. 그러나 불발됐죠. 만약 편입됐다면 어땠을까요? 세계 전체 국고채시장에서 우리나라가 차지하는 비중을 2~2.5% 정도로 봅니다. 그러니까 방금 말씀처럼 우리 시장이 큰 건 아니라는 거예요. 아무튼 비중을 그 정도로 보고, 이

지수를 추종하는 펀드들이 2.5% 정도 한국 물량을 사면 우리나라에 얼마나 돈이 들어올까요? 약 90조 정도입니다.

• **안진걸** 주목해야 하는 포인트는 이거예요. 만약에 이 지수 편입이 확정되고 해외시장 자금이 들어와서 채권을 90조 이상 사면 시장에 굉장히 안정감을 줬을 뻔했는데, 정부가 혹시 어리바리하게 대비해서 타이밍을 놓치고 주요한 호재도 놓친 게 아닐까?

• **박시동** 주식시장도 마찬가지입니다. MSCI 선진지수(모건 스탠리 캐피털 인터네셔널이 작성하는 세계 주가지수. 주로 선진국 주식시장에 상장된 종목으로 구성) 편입도 정부가 호언장담했는데, 결국 현 정부 내에는 선진지수 편입이 사실상 불가능하게 됐습니다. 적어도 5조 이상, 많게는 50조의 외국인 투자자금의 순유입이 기대되는 호재가 없어졌죠. 외국인들이 방어막 없이 썰물처럼 나가는 흐름을 막을 수 있는 좋은 호재를 이 정부는 다 놓친 게 아닌가 싶습니다.

• **안진걸** 생활경제를 살펴보면 고금리의 장기화로 인해 서민생활의 고통이 극심해졌습니다. 원리금 상환 부담은 점점 더 커지는데, 월급이 안 오르는 건 뻔하죠. 쿠팡 노동자가 열심히 일하다가 과로사했다는 뉴스도 끊이질 않고요. 이제는 칼국수 한 그

릇에 1만 4,000원이에요. 이번 경제 위기에 대한 공포는 좀 다를 것 같습니다.

우선 믿을 만한 정보가 없어요. 정보가 투명하면 '잘 견뎌보자'는 희망을 가질 수도 있죠. 예를 들면 정부가 '서민 중산층에게 가처분소득을 늘리는 정책을 준비 중이다'라는 입장을 내놓을 수 있잖아요. 코로나팬데믹 시기에는 두 번에 걸쳐서 국민재난지원금을 지급했습니다. 꽤 힘이 됐거든요. 지역화폐 정책도 등장했죠. 그걸로 동네경제도 돌았고요. 1만 원 쓰면 많게는 지역화폐 1만 1,500원으로 채워주니까 소비자에게도 이득이었어요. 이런 정책들은 결과가 아주 좋다는 연구도 많습니다. 그런데 이런 효과를 볼 수 있는 정책이 있는데도 정부가 손을 놓은 지 오래됐어요.

그러니 걱정이 되죠. 주식 투자하는 분들이 모인 방에 가보면 "깃발만 들어라. 그럼 우리는 지금 다 같이 쳐들어갈 준비가 돼 있다"라고 해요

• 이광수 어디로?

• 안진걸 그러게요. 그곳이 어딜까요.

• 이광수 저희가 계속 강조하는 게 있잖아요. 경제에는 정치가 정말 중요하죠.

• **박시동** 그렇죠.

• **이광수** 경제가 좋아지기 위해서는 정치가 좋아야 해요. 절대적으로 같이 갑니다. 이제는 모두 알아야 해요. 경제가 좋아지길 바라고, 내 삶이 좋아지길 바라면 정치에 대한 관심을 높여야 합니다. 보기 싫다고 외면할 일이 아니고요.

• **박시동** 정치와 경제의 관계를 섞어서 볼 포인트가 있습니다. 2023년 10월 서울시 강서구청장 보궐선거가 대표적인 사례입니다. 여기가 빌라 사기가 가장 많았던 지역인데요.

• **이광수** 그 점을 염두에 두고 여당이 슬로건을 "빌라를 아파트로 다 바꾼다"로 정했습니다. '서울시장도 도와줄게, 정부도 도와줄게, 그러니까 빨리 된다'는 신호였죠. 그런데 이 보궐선거에서는 통하지 않았습니다.

• **박시동** 왜 안 통했나요?

• **이광수** 두 가지 해석이 가능하다고 봐요. 첫 번째, 본질적으로 재건축이나 재개발 사업은 정책이 아무리 밀어줘도 시행되는 데 한계가 있어요. 개인 부담도 크고요. 이러한 점들을 알기 시작한 거죠. "뭐, 해준다고 하고 안 해줄 거잖아" 하면서 많은 분

들이 구별하기 시작한 거예요.

두 번째, 개발하고 새집을 만드는 것이 중요한 게 아니라, 그보다 당장의 삶이 힘들다는 것이 영향을 미쳤다고 봅니다. 사실 이게 본질이죠. 그러니 예전과 같은 달콤한 말에 현혹되지 않는 거죠. 굉장히 중요한 시사점이라고 봅니다. 재건축, 재개발은 어떻게 하는 거지? 일개 구청장이 해준다고 해서 되는 건가? 아니라는 겁니다.

• 박시동　재건축, 재개발이라는 게 기본적으로 있는 집을 부수는 거 아닙니까? 철거에 돈이 들어가고 새로 짓는 데도 돈이 들어가죠. 나중에 새집에 다시 들어갈 때에 추가 분담금이라는 것도 생기고요. 예를 들어 20평에 5억짜리 집에 살고 있는데, 재건축으로 새 아파트로 바뀌는 건 좋지만 분담금 3억 원을 내야 한단 말입니다. 그러면 결국 20평짜리를 5억에 살았는데, 8억에 다시 사라는 얘기죠. 난 3억이 없는데? 3억이 없으면 새집에 어떻게 들어가나요? 그런데 이 3억을 기꺼이 부담하려 할 때가 있죠. 8억짜리 아파트가 12억, 13억이 되면 말입니다. 그래서 과거에는 "아파트로 바꿔준대, 우리 동네 개발해준대" 하면서 좋아했습니다. 그런데 이제는 분담금도 상당하고, 아파트 경기도 좋지 않으니 마냥 좋아만 할 수 없죠.

• 안진걸　예전에는 부동산 경기를 일부러 부양시키기 위해 정부

나 언론이 빚내서 집을 사라고 하라는 방향으로 일방적으로 부동산 정보를 몰아갔습니다. 그런데 이제 사람들이 알게 됐습니다. 원주민 중에도 돈 없는 사람은 쫓겨나는 거라고요.

• **박시동** 원주민 재입주율이 통계에 따라 다르겠지만 얼마나 되지요?

• **안진걸** 서울연구원 통계 등에 따르면 재개발, 재건축 정비사업 추진 시 원주민의 재정착률은 평균 27.7%입니다. 이렇게 27% 정도 된다는 통계가 있지만, 실제 10% 초반까지 낮아진 곳도 엄청 많습니다. 원주민만이 아니라 세입자도 거기에 못 들어가죠. 그분들이 경기도로 다 밀려났습니다.

• **박시동** 사실 경제 뉴스는 대부분 주택 소유자의 이야기만 합니다. 그런데 현실에서는 얼마나 많은 세입자 투쟁이 벌어지나요. 왜 이들을 위한 이야기는 없는 걸까요.

• **안진걸** 그래서 경제가 더 망가지는 겁니다. 국민의 절반이 무주택자인데, 왜 이들을 위한 이야기는 없나. 이제는 경제 섹션을 소비자, 세입자, 동네, 생활 경제로 나누면 좋겠습니다.

• **이광수** 우리나라는 지금 재건축, 재개발을 해도 세입자에게 아

무런 혜택이 없어요. 제가 볼 때 거의 유일해요. 이런 나라가 없어요.

• **박시동** 재미있는 사례를 하나 말씀드리면, 제가 행정 쪽에서 일할 때 일본을 갔습니다. 일본은 재개발을 어떻게 하는가? 우리는 지자체가 재개발 구역을 지정하고 나면 주민 75%가 동의해 대충 조합을 세우고, '나는 싫다'고 반대해도 그냥 다 수용돼서 끝나버려요.
롯본기힐스에 가서 물었더니 30년이 걸렸다는 거예요. 우리는 허가증에 잉크가 마르기도 전에 바로 철거되는데 말이죠. 일본의 경우 세입자의 대책을 세우고 임대받고 싶은 분들을 위한 맞춤 대책을 세우고, 땅 밟는 게 좋다고 하는 사람들이 있으면 정원을 만들어줘야 합니다. 그걸 일일이 다 해야 한다는 거예요.

• **안진걸** 돈보다 사람이네요. 갑자기 생각이 났는데 우리 헌법에는 '자본주의'라는 말이 없습니다.

• **박시동** 이 분, 보기와 달리 법대 나오신 분이에요.

• **안진걸** 중소기업, 중소상공인을 보호하고 육성해야 한다는 말은 있어요. 헌법에 시장경제라는 말도 없어요.

- **이광수** 시장경제란 말도 없어요? 본 것 같은데?

- **안진걸** 갑자기 또 약해지게….

- **박시동** 저희가 다들 법을 조금씩 알고 있으니까, 맞춰봅시다!

- **안진걸** 자유민주적 기본 질서라는 말은 나와요. 그런데 시장과 자본주의가 경제의 모든 것은 아니거든요. 국민경제가 균형적으로 발전해야 한다는 게 헌법에 정확히 나와요. 지금 말한 일본의 재개발 경우는 우리나라와 너무 다르죠. 우리나라는 원래 살던 사람들을 싹싹 몰아버리는 재개발이고, 아무 대책도 없어요. 이건 좋은 경제가 아닙니다.

- **박시동** 저도 느낍니다. 허무맹랑한 공약으로 사람들을 현혹하는 시대가 끝나고 있습니다. 그래서 경제에 대해서 진보가 약하다는 편견은 이제 끝났어요. 오히려 이전과 다른 성장의 동력을 찾아야 하고, 해오던 대로 하자는 주장보다 참신한 발상을 모두가 원해요. 그런 차원에서 재미있는 질문을 드려볼게요. 만약에 여기 계신 분들이 대통령이 됐다고 가정해본다면, 허무맹랑한 공약이 아니라 제대로 된 정책으로 내세울 만한 게 뭐가 있을까요?

• **이광수** 제가 부동산 전문가잖아요. 특히 부동산은 정책이 미치는 영향이 크기 때문에 그런 고민을 안 할 수가 없어요. 제가 가장 요즘 관심 있는 건 지역 균형 발전입니다.

• **박시동** 지방 소멸이 너무 심각하죠.

• **이광수** 빈집이 엄청 많아지고 있어요. 국가경제의 기본은 역동성이라고 봅니다. 빈부 격차를 왜 줄여야 하느냐. 이 역동성을 해치기 때문이에요. 부가 한군데로 응집되면 사회적 역동성이 없어지죠. 지역도 마찬가지예요. 그래서 결국 모든 지역이 균형 있게 발전하는 게 중요해요. 특히 국토개발 차원에서요. 과거 참여정부 시절에 혁신도시, 기업도시를 만들었어요. 굉장히 좋은 정책이었는데 아쉽게도 그냥 아파트만 만들고 공기업만 내려가고 끝났거든요. 다른 혁신이 절실합니다. 기업 혁신도시 같은 개념이 너무 좋은데, 저도 제2의 혁신도시 같은 것을 해보고 싶습니다. 여기서 중요한 건 그 혁신도시의 구성원이 누가 되느냐죠. 제가 고민한 건 전 세계에 진출해 있는 우리나라 국민입니다.

• **박시동** 새로운 접근인데요.

• **이광수** 저한테 많은 교민들이 메일을 보내세요. 한국으로 돌아

가고 싶은데 부동산시장이 어떻냐, 집값이 언제 떨어질 것 같으냐를 많이 묻습니다. 교포 2세대, 3세대, 이제는 4세대까지요. 이분들이 돈이 굉장히 많아요.

• **박시동** 성공한 분들이 많죠. 우리 교민들의 지위가 옛날과 다르죠.

• **이광수** 소비 능력이 높을 뿐만 아니라 수준도 높아요. 우리나라에 기여할 수 있는 분야도 많습니다. 그래서 혁신도시를 개발해서 그런 분들을 유입시키는 거죠.

• **안진걸** 어차피 한국에 다시 돌아와 살려고 하는 분들이니까 인구 소멸, 지방 소멸, 내수 위기를 그분들을 모셔 와서 극복하자는 거죠?

• **이광수** 그렇죠. 법무부가 이민청을 만들 게 아니라 교민청을 만들어야 합니다. 그래서 교민들을 대한민국에 유입하는 거예요. 한번 생각해보세요.
　하버드에서 교수를 하다가 퇴직했어요. 그런데 한국에 20억짜리, 30억짜리 집을 사서 오고 싶나요? 은퇴자금을 다 써야 하는데? 그러면 쓸 돈이 없어지잖아요. 그러니 지역에 혁신도시 같은 걸 만들어서 그분들을 모시는데, 집은 그냥 제공하는 거죠. 대신 다른 일을 하도록 하는 거예요. 후진 양성도 하고요. 이분들이 와서 소비를 하겠지요.

• **안진걸** 집을 드린다고 하니 생각나는데, 지금 충북 괴산의 경우 집을 정말 드리고 있습니다. 한 달에 5만 원짜리 임대주택도 있고요. 전남 화순도 그렇습니다. 전남은 신혼부부와 청년에 국한돼 있지만 한 달에 1만 원 임대주택도 나왔거든요.

지역이 없어지고 노동력이 없어지고 내수가 없어지고 있어요. 이런 식으로 대한민국이 없어지는 것보다는 교민들 모시고 오는 게 훨씬 좋죠. 사실 주거가 해결이 안 되면 돌아오지 못해요. 물 좋고 산 좋은 고향이나 그 인근에 살 수 있는데 집에 돈이 안 들거나, 조금만 내면 된다고 하면 엄청나게 오고 싶어 하지 않을까요.

• **이광수** 일본에 유사한 모델이 있어요. 도요타가 전기차에 집중하면서 지방에 있는 내연기관 공장들을 폐쇄하잖아요. 그중 한 군데를 없애면서, 그곳에 집을 무상으로 제공해 전 세계 엔지니어들을 불러들이고 있어요. 얼마나 좋습니까? 지역 개발도 되고 말씀하신 것처럼 와서 돈도 쓰고요. 부모님이 한국에 오면 아들딸도 한국에 방문하겠죠?

• **안진걸** 인구도 늘고 내수가 활성화되겠죠. 이분들이 기본적으

로 가처분소득이 있거든요.

• **이광수** 그런데 우리나라 지방에 빈집이 증가한다니까 어떤 논의를 하는지 아세요?

• **박시동** 어떻게 하고 있습니까?

• **이광수** 국토부장관이 "2주택 이상 풀어야 한다!" 이러고 있습니다.

• **안진걸** 그게 뭐죠. 한 사람이 두 집, 세 집 가지고 있는 게 인구 증가나 지역 소멸을 막는 것과 무슨 관계가 있나요?

• **이광수** 그러니까요. 옛날에는 사람들이 이런 말을 하면 "아, 그래. 좋겠는데" 했지만 이제는 냉소적이에요. 국민이 알기 시작했어요. 진짜 변화를 가져올 수 있는 실질적인 정책을 원하는 거죠.

• **박시동** 심각하게 좋은 말씀인데요. 역시 국토부장관을 해야 하는 이유가 하나 더 생겼습니다. 방금 말씀드린 이 정책은 특허를 내도록 하겠습니다. 이광수표 교민청 정책입니다. 이제 안진걸 소장이 만약 내가 경제부총리나 중소기업청장이라면 이런 정책 정도는 하나 있다, 할 만한 거 있나요?

• **안진걸** 모든 게 지금 위기라고 그랬잖아요. 청년 대책과 지역 대책을 함께 해결하는 대책을 이야기하고 싶습니다. 문재인 정부 때 '청년희망계좌'라고, 진짜 잘 만들어놓은 정책이 하나 있어요. 300만 명 가까이 가입했거든요. 2년 동안 유지하면 이자가 9%예요. 만기가 6개월 정도 남았는데 벌써 3분의 1이 해지했어요. 왜 그럴까요?

• **박시동** 다음 정부에서 해지하라고 해서? 농담입니다.

• **안진걸** 당장 돈이 필요하니까요. 먹고살 생계비, 교육비가 없으니까 6개월 혹은 1년만 더 버티면 9% 이자를 받을 수 있는데 깨버리는 거예요. 청년이나 서민에게 힘이 되는 정책이 있어요. 바로 지역화폐예요. 내수경제 활성화, 동네경제 활성화, 중소상공인 활성화에 더불어서 서민, 청년, 중산층에도 엄청난 도움을 주고 있어요. 10만 원을 내면 10~15%까지 포인트가 붙고, 어떤 지역에서는 15%까지도 주고 있어요. 지금 많은 분들이 힘들어하니까 한시적으로 20% 정도 할증을 붙이는 거죠. 정부나 지자체가 예비비나 추경을 통해서 조금이라도 내수 활성화에 도움을 줄 수 있어요. 10만 원을 지역화폐로 바꾼다고 하면, 2만 원이 각 개인에게 더 생기는 거잖아요. 그럼 자연스럽게 동네경제도 활성화되죠. 이런 정책은 기본이고 서민, 청년, 중소상공인, 중소기업에 획기적인 지원이 필요하다는 겁니다.

• **박시동** 저희가 이렇게 모여서 이야기하는 건, 이유가 있습니다. 이제 경제 문제를 다른 관점에서 접근할 필요가 있습니다. 그간 경제는 굉장히 거시적인 이야기이고, 대단한 경제학자들이 답을 알 것이라고 생각했어요. 그런데 아니라는 것을 느끼고 있습니다. 지금까지 해왔던 방식으로는 우리 경제가 버틸 수가 없습니다.

• **이광수** 경제 문제를 접근하는 방식이 달라져야 한다고 봐요. 현장 전문가 중심의 경제학이 필요합니다.

• **박시동** 완전히 다른 상황에 처해 있으니까요. 지역 소멸 문제 같은 게 대표적이죠. 한국은 지역 소멸, 저출생 문제에 대해서 가장 돈을 안 쓰는 국가일 겁니다. 그리고 새로운 시도도 별로 안 합니다. '이러다 다 망하겠다'는 생각을 가져야 합니다. 개인의 삶도 잘 챙기고, 나라에 요구할 것은 요구하는 '실전형·생계형 경제 고수'들이 늘어나야 하는 시기라고 봅니다. 무엇보다 당하지 말아야 할 것은 당하지 않도록 현명해집시다. 투자의 고수와 민생경제의 고수가 함께 이런 이야기들을 앞으로 나눠보겠습니다.

차례

프롤로그
— **양치기 소년의 진실** ... 6

1
안 할 수 없다면 제대로 하자
— **투자의 본질** ... 28

뭐든 마음이 중요하다 | 행운 앞에 다소곳해지자 |
손해 볼 용기를 가져라 | 오늘만 사는 사람은 투자 못 해 |
주식은 WHAT, 부동산은 WHEN

2
알지 못해 새는 돈 없으려면
— **나라가 만들어주는 시드머니** ... 52

만보기로 10원이라도 더 모으려는 시대 |
여유 있다 방심 말고 신청하라! | 15분 안에는 공짜인 교통비 |
푼돈 아끼지 말라는 건 옛말

3
물가와 환율의 대환장 파티에서 살아남기
— **한국형 소득 불안** 66

물가는 과연 내리긴 하는 걸까요 | 환율은 관리돼야 정상입니다 |
금리, 샌드위치 신세가 되다 | 왜 말을 못 해, 소득이 문제라고!

4
우리도 한번 돈 벌어보세
— **부자 이야기 1** 86

부자 되세요, 이후 20년 | 왜 나는 부자가 못 되었나 |
친절한 사람이 많은 나라가 부자도 많다 |
돈으로 살 수 없는 게 많아야, 내가 잘산다

5
벌기도 하고 행복하기도 하고
— **부자 이야기 2** 104

위기라고 울고만 있으면 바보야 | 예적금을 우습게 보지 맙시다 |
사람이 돈이다 | 결국, 이 모든 것이 행복의 문제

6

잃지 마, 속지 마, 내일을 봐   ⓛ22

— **청년이라는 모두의 블루칩**

이제 '단군 이래'라는 말도 지겹다 | 일단 절대 잃지 마라! |
님들은 장기 투자 생각 않는 것으로 |
자기만의 방법을 찾으려 노력하라

7

코리아 디스카운트   ⓛ42

— **개미들이 털릴 수밖에 없는 여섯 가지 이유**

왜 한국 주식은 저평가되는가 | 주주는 회사의 주인이 아니다? |
국민연금, 국민을 호구 만드는 중? | 자사주 소각 운동을 벌입시다

8

부동산 가변의 법칙   ⓛ68

— **내 집 마련과 불안 심리**

우리나라 집값, 왜 이리 불안한가 |
강남에 집이 없어서 오르는 거 아닙니까 |
종부세도 소용없는 부동산? | 금리와 부동산의 상관관계는? |
전세가 오르니 집값도 오를 거라는 신화 | 내 집 마련을 위한 필살기! |
불안을 잘 다스려라

9
AI 앞에 나 떨고 있나?
— 혁신의 기본을 생각하다

196

너, 인공지능 써봤어? | 기술혁명의 시대, 미국 패권이 강화된다 |
나라야, 돈을 마구 버릴 거면 과학자들에게 |
AI 규제, 모두의 생존 문제 | 우리, 과거처럼 살지 맙시다

에필로그
— 노후를 부탁해

218

부록
알아두면 피가 되고 살이 되는 실전 경제 꿀팁

232

1

안 할 수 없다면
제대로 하자

투자의 본질

_____ **뭐든 마음이 중요하다**

• **박시동** 어떻게 하면 우리는 경제적으로 더 현명해지고 돈을 더 잘 벌 수 있을까요? 일단 투자에 대한 이야기를 안 할 수 없습니다. 요즘은 초등학생도 주식 투자를 한다고 하지만, 아직 투자를 해본 적 없는 분도 꽤 많습니다. 투자는 시작이 어렵거든요. 첫발을 어떻게 떼야 할까요.

• **이광수** 많은 분들이 투자가 어렵다고 생각하시죠. 투자를 좀 쉽게 생각하시면 좋겠어요. 첫째로 '어떻게 생각하느냐'가 중요합니다.

• **박시동** 투자에 임하는 첫 마음부터 똑바로 정립하고 시작하자. 즉 투자하는 마음을 먼저 정립하라.

• **이광수** '투자하는 마음'이라고 하는데요. 제가 주식과 부동산

시장을 분석하고 많은 분을 만나면서 두 가지가 가장 중요하다는 것을 느꼈습니다. 첫 번째, 사실 투자할 때에는 '행운'이 중요합니다. 운이 있어야 해요. 오랜 경험으로 볼 때 주식으로 돈을 번 사람들의 공통점이 있습니다.

• 안진걸   증권사 직원들도 의외로 많이 실패했다는 이야기를 들었어요. 희한해요. 그 이유가 뭘까요?

• 이광수   두 부류가 있어요. 하나는 증권사 다니면서 주식 투자를 하니까 너무 잘돼서 "나는 진짜 천재야!" 하고 나와서 회사를 차리는데 망하는 경우예요.

• 박시동   회사에 있을 때는 잘되죠.

• 이광수   반대로 잘되는 부류가 있어요. 이들의 공통점은 회사에서 잘린 사람들이라는 거예요.

• 박시동   의외인데요? 오히려 회사에서 잘 안되던 사람이 나와서 잘하고, 회사에서 잘되던 사람이 개인 투자를 하면 잘 안되더라.

• 이광수   그렇죠. 흥미로운 점이 있다면 회사에서 요즘은 그냥 자

르지는 않아요. 왜 잘렸겠어요? 시장이 어렵고 회사가 어려우니까 구조조정을 당한 거죠. 그래서 밖으로 나왔는데 주식시장이 바닥인 상황이고, 할 일이 없잖아요. 마땅히 일도 없으니까 퇴직금으로 주식에 투자했는데, 시장이 살아나기 시작한 거예요. 이해하셨죠?

• **안진걸** 본인이 뛰어났다기보다는 구조조정이 될 정도로 경제가 한파여서 쫓겨났는데, 배운 게 주식이라서 시작한 게 오히려 경기가 바닥이라 성공을 거뒀다. 재밌네요.

• **이광수** 워런 버핏에게 "어떻게 주식으로 돈을 많이 벌었나요?"라고 물어보면 항상 하는 말이 있어요. "나는 운이 좋았다. 특히 미국에서 태어난 게 가장 큰 운이었다." 미국 주식이 워낙 좋았으니까요. 그런 차원에서 투자할 때 첫 번째로 '행운'의 중요성을 인식해야 한다는 거죠. 투자의 첫걸음은 첫째, 투자하는 마음을 정립하는 것이고 둘째, 행운이 따라야 함을 알아야 한다는 것입니다. 행운이 따른다는 것을 알면 겸손해지고, 투자에 실패해도 다시 해나갈 힘이 생깁니다. 이걸 인지하는 순간 오만함이 사라져요. 돈을 한창 잘 벌어도 항상 겸손하게 되는 거죠. '아, 내가 요즘 운이 좋아서 돈이 들어오는 거구나.'

• **박시동** 잠깐 스치는 운이었을지도 몰라.

행운 앞에 다소곳해지자

• **이광수** 그래서 더 열심히 살고, 잘못된 것을 분석하게 되는 거죠. 사실 행운을 인정하는 순간 우리는 겸손해져요. 잘못됐다 해도 '운이 안 좋았나 봐' 하면서 다음을 준비할 힘도 생기죠. 굉장히 중요한 마인드입니다. 주식이든 부동산이든 투자할 때에는 그 시장에 계속 남아 있는 게 중요해요. 누가 오래 버티느냐가 핵심이거든요. 그러려면 이 행운을 꼭 받아들여야 합니다.

• **박시동** 주식의 고수인 이광수 소장이 투자의 첫걸음으로 이 말을 할 줄은 몰랐어요.

• **안진걸** 홍콩과학기술대 김현철 교수가 라디오에 출연해서 한 얘기를 듣고 깜짝 놀랐어요. 전 세계 경제학자들이 연구했는데, 세계적으로 내로라하는 부자들의 80% 이상이 운으로 얻은 부라고 합니다. 객관적으로 입증이 됐대요. 태어난 나라, 태어난 집안의 부가 결정적인 영향을 미친다는 거죠.

• **이광수** 코로나팬데믹으로 주식시장이 나빠졌을 때 애널리스트가 할 일이 없었어요. 그래서 당시 제가 한국의 부자들을 조사해봤습니다. 특히 주식으로 돈을 번 사람들을요. 공통점이 뭔지를 봤더니, 결국 어려울 때 주식을 시작했더라고요. IMF 때

라든가 최근에는 코로나팬데믹 기간이 그렇죠. 결국 운이었던 건데, 자꾸 실력을 탓하면 다 내 탓이 돼버리거든요. 이런 사회는 좋지 않아 보여요. 내 탓만 하면 점점 해결책이 안 보이잖아요. 가끔 나라 탓, 사회 탓도 하고요. 그래서 저희가 안진걸 소장이 필요한 거 아닙니까? 중요한 역할을 하시잖아요. 내 탓 아니야! 나라 탓이야! 네 탓이야!

• **박시동** 투자의 첫 마음, 행운이라는 것을 명심하라는 이야기였습니다. 두 번째 질문을 드려볼게요. 어떻게 하면 그 행운이 나에게 오게 할 수 있을까요?

• **이광수** 마키아벨리의 『군주론』에 나오는 말을 한번 읽어드릴게요. "행운은 냉정하게 행동하는 사람보다 충동적인 사람에게 더욱 쉽게 복종한다네. 그래서 행운을 얻으려면 덜 조심스럽고 더 난폭해야 하며 더 대담해질 필요가 있어. 너무 현실에 안주하지 말게." 이게 진짜 핵심이라고 봐요. 현실에 안주하지 말고, 공격적이고 충동적인 측면이 중요해요. 그래야 행운이 온다는 거예요.

• **박시동** 투자를 처음 시작하는 분들에게는 좀 어려운 말일 수도 있지 않을까요.

• **이광수**   아니에요. 공부할 필요 없이 일단 한 주라도 투자를 시작하세요. 어떤 충동적인 행동을 통해서 새로운 기회를 볼 수도 있거든요.

• **안진걸**   투쟁이든 투자든 뭔가를 행하는 마음, 용기, 결단 같은 게 필요하잖아요. 뭐든 하지 않으면 세상은 그대로 있어요. 마찬가지로 내가 투자하기로 마음먹었으면 행동해야죠. 안 하면 그대로 있는 거잖아요. 물론 저희는 예금금리 중에도 높은 금리를 찾아가라고 안내하지만, 그래서는 큰돈을 못 벌죠. 요즘 예금금리가 아무리 높아봐야 3~5% 사이거든요. 그래도 예적금 금리 비교 사이트를 찾아보는 건 중요합니다.

• **이광수**   엄청 추운 겨울날이었어요. 은행 앞에 줄이 긴 거예요. 저는 이런 거 엄청 궁금해하거든요. 한 어르신에게 "왜 서 계세요?" 여쭸더니 "아, 묻지 말고 내 뒤에 일단 서!" 이러시더라고요.

• **안진걸**   진짜로요?

• **이광수**   그래서 뒤에 서서 "왜요?" 했더니 어르신 말씀이 오늘 고금리 적금을 은행에서 판다는 거예요. 몇 프로냐고 여쭤봤더니 6~7%대인 거예요. 시중금리보다 2% 정도가 높은 거죠. 객관

잠깐 스치는 운이었을지도 몰라.

적으로 한번 생각해보자고요. 사실 이런 예적금에는 한도가 있긴 해요. 그런데 만약에 1천만 원을 예금했다. 2%면 얼마입니까?

• **박시동** 20만 원.

• **안진걸** 금융권이 고약한 게 고금리 상품에는 총액 한도를 두더라고요. 큰돈은 못 맡겨요.

• **이광수** 그러니까요. 그 얘기를 듣고 제가 생각한 게 있어요. 많은 분이 투자를 조금 안다면 다른 방법을 생각했을 텐데. 그걸 잘 모르는 분이 아직 많죠. 그래서 저라도 방법을 많이 알려드려야겠다고 느꼈어요. 새로운 것을 좀 해보세요. 그래야 행운도 들어옵니다.

• **박시동** 상당히 의외로 받아들일 수도 있으실 것 같아요. 공부 열심히 해라, 치밀하게 준비해라, 냉정해라, 허투루 하지 말아라, 이런 얘기는 많이들 들어보셨을 텐데.

자, 이제 그런 얘기는 똘똘 뭉쳐서 쓰레기통에 던지고 쉬운 마음으로 '운이야! 나한테도 운이 올 수 있어!'라고 생각하는 겁니다. '그래, 일단은 생각만 하는 것보다 행동해서 실천력의 발판으로 삼자!'라는 마인드를 가장 먼저 짚어주시는 게 인상적이네요. 그렇게 받아들이고 나면 좀 더 적극적으로 기분 좋게 할 수 있는 마음, 용기가 생길 것 같아요.

• **이광수** '나도 뭐, 어떻게 하다 보면 운이 생기겠지' 같은 마음이 굉장히 중요합니다. to-do가 중요한 게 아니에요. 무언가를 새롭게 시작할 때에는 나의 정체성을 바꾸는 게 중요한 것 같아요. 만약에 담배 피우냐고 물어보면 대부분 뭐라고 답하나요?

• **박시동** 네 혹은 아니오?

• **이광수** 아니죠. "담배 끊었어요" 하잖아요. 담배 피울 수 있다는 얘기예요. 완전히 의지를 보이려면 이렇게 얘기해야 해요. "저는 담배 피우는 사람이 아닙니다." 정체성을 트는 순간 용기도 생기는 겁니다.

예를 들어서 '나는 아침형 인간이다' 이렇게 규정하는 순간 일상이 완전히 달라집니다. 세상을 보는 관점이 바뀌는 거예요. 투자할 때에도 이런 생각이 엄청 중요해요.

• **박시동** 여러분, 마인드를 바꾸십시오. 여러분은 오늘부터 투자하는 사람이고요. 혹시 누가 "네가 뭔데 투자해?" 이렇게 물어도 "너나 나나 운빨 아니냐"라고 대답하시면 됩니다. 가벼운 마음으로요.

손해 볼 용기를 가져라

- **이광수**   자, 이제 행운을 인정하고 투자하기로 했으면 용기가 있어야 해요. 돈을 벌 용기가 아니라 손해 볼 용기예요.

- **박시동**   역시!

- **이광수**   손해 볼 생각을 먼저 해야 합니다. 많은 사람이 이걸 안 하니까 좌절하고 지속할 수 없는 거예요. 손해를 감내할 만한 용기를 먼저 갖는 게 굉장히 중요해요. 이 마인드를 가진 분이 있어요. 바로 안 소장님입니다.

- **안진걸**   저는 투자를 해본 적이 없는데요.

- **이광수**   참으로 투자에 적합한 마인드를 갖고 있습니다. 일단 행동을 먼저 하잖아요.

- **박시동**   하여간 실천력은 대한민국 1등입니다.

- **이광수**   제가 가장 자주 만나는 분 중 한 명인데, 별로 생각을 안 하고 행동하시더라고요. 그 이면에는 사람에 대한 믿음, 행운에 대한 믿음이 있는 것 같아요.

• **박시동** 긍정주의자죠.

• **이광수** 그리고 계속 손해를 보잖아요. 자기 이익이 아닌 것에도 시간을 투자하고 기부도 하고. 일단 손해 볼 용기가 큰 거죠. 그래서 안 소장이 투자를 하면 거부가 될 것 같습니다.

• **안진걸** 십몇 년 전에 모 은행 창구 김 과장님이 러시아 펀드를 하면 큰 수익이 난다기에 넣었다가 몇백만 원을 날렸어요! 최소한 은행 창구에서라도 부디 불완전 판매는 하지 않았으면 좋겠습니다.

• **이광수** 그건 스스로 투자 한 일이 아니니까요!

• **안진걸** 자, 그렇게 마인드셋이 끝났다. 그다음으로 본질적인 투자 단계로 들어가야 하지 않습니까? 투자는 그래서 뭘 하는 일입니까?

• **이광수** 투자는 미래에 하는 것입니다.

• **박시동** 여러분, 투자의 시계는 미래에 있습니다.

오늘만 사는 사람은 투자 못 해

• **이광수** 현재나 과거에 하는 투자는 없어요. 정치 얘기를 가끔 하잖아요. 정치도 투자라고 생각한다면, 미래에 하는 게 돼야죠. 안타깝게도 한국의 정치는 표를 얻기 위해서 과거나 현재에 하잖아요. 주식이든 부동산이든 미래에 투자하는 거예요. 생각해보세요. 저희가 미래를 예측하고 그와 관련된 주식을 사거나 부동산을 매입하는 거잖아요. 이 본질을 자꾸 혼동하시면 안 돼요. 그렇다면 미래를 어떻게 예측해야 하느냐? 쉽지 않죠. 어렵습니다.

• **박시동** 어렵죠. 보이지 않는 미래를 어떻게 알 수 있겠습니까.

• **이광수** 저도 부동산시장이나 주식시장을 예측하지만, 정확히 맞출 수 있는 것이 아니잖아요. 그렇다고 점을 볼 수도 없고요. 그런데 미래를 예측하기 가장 쉬운 방법이 하나 있습니다. 모든 미래는 현재에 이미 일어나고 있어요.

• **박시동** 명언이 쏟아집니다! 미래는 현재에 이미 일어나고 있다.

• **이광수** 제가 시장을 예측하면서 가장 신조처럼 여기는 말이 있어요. 피터 드러커가 한 말인데요. "The future that has already happened. 미래는 이미 일어나고 있다." 미래를 예측하려면 지금 자산시장에 무슨 일이 벌어지고 있는지를 더 냉철하게 분석하는 게 중요해요. 그런데 사실 이게 잘 안돼요. 왜일까요? 희망을 갖기 때문이에요. 현재와 달라질 거라고 생각하죠. 절대 그렇지 않아요. '이 회사는 지금은 별로여도 앞으로는 좋아질 거야'라고 생각하는데 절대 그렇지 않습니다. '여기 부동산이 지금은 상황이 안 좋지만 나중에 좋아질 거야'라고 생각하지만 절대 안 그래요. 현재에 희망을 가지면 미래 예측이 되지 않습니다.

• **박시동** 아하! 저도 요만큼도 틀린 것 없이 동의하는데요. 실제로 똑똑한 사람이 투자에 성공하는 게 아니더라고요. 결단력 있게 실천하는 사람이 성공합니다. 재다가 타이밍 놓치고 이게 맞나 틀리나 헷갈리는 사람은 일단 실천하지 않으면 아무 일도 일어나지 않아요.

• **이광수** 여기에서 실천을 약간 오해하시는 분들이 있는데, 몇천만 원을 투자하는 게 아니에요. 10만 원, 20만 원으로도 충분히 가능합니다. 작은 실천이 긍정적인 결과를 가져올 수 있단 말이죠. 투자는 눈덩이처럼 계속 불어날 수 있기 때문에 좋은 거예요. 10만 원도 계속 굴리다 보면 커지는 거죠. 이런 것들에 힌트를 얻어서 생각을 바꿨다면, 일단 투자 준비는 된 거라고 봅니다.

• **박시동** 한 가지를 보태자면, 잃어버릴 수 있는 용기에 대해 말씀해주셨는데 사실은 무모한 용기에 대비되는 것으로 '균형을 맞추는 마인드'예요. 저도 항상 습관적으로 그런 생각을 하거든요. 이런 생각도 한번 해보세요. 만약에 투자한 게 잘 안된다면? 예를 들어서 내 친구가 하는 짜장면집이 안된다면? 남들은 집값이 다 오르는데 우리 집만 내려갈 수도 있다면? 모두 잃어버릴 수 있는 가능성 아닙니까. 이러한 리스크를 잘 보셔야 해요.

오늘부터 집에 가는 동안 사고가 날 가능성을 한번 써보세요. 지하철 사고가 났다, 스마트폰을 떨어뜨렸다 등등…. 대부분 5~10개씩을 쓰실 텐데 저는 100개를 씁니다. 관리할 수 있는 리스크를 발굴해내는 능력이 남보다 좋은 거죠.

여러분, 삼성전자 신용 등급이 국가 신용 등급보다 좋습니다. 그런데 삼성하고 일할 때 생각할 수 있는 첫 번째 리스크가 뭘까요. '삼성이 잘못되면 어떡하지?'입니다. 사실 국가가 망할 확률보다 삼성이 망할 확률이 더 낮습니다. 그런데도 삼성이 망하는 확률을 첫 번째 리스크로 쓰고 시작하는 거예요. 투자할 때 이렇게 생각하면 안 됩니다.

리스크도 습관이고 사고력의 확장입니다. 이런 것들도 실패에 대한 용기랑 맞물려서 한번 생각해보시면 좋을 것 같아요. 일어날 수 있는 모든 실패 가능성을 남들보다 많이 쓸 수 있어야 합니다.

• **이광수** 투자를 잘하는 분들을 보면 삶의 자세도 좋아요. 어쨌든 저는 투자를 굉장히 권합니다. 세상을 보는 눈이 달라질 거예요. 그래서 투자하는 분들이 훨씬 많아질수록 좋은 세상이 온다고 믿고 있어요.

• **박시동** 투자의 세계가 끝도 없죠. 종류도 엄청 많고요. 와인, 예술품, 금, 석유 등등 엄청 많지만 그래도 가장 대표적인 주식, 부동산을 먼저 떠올리게 되거든요.

• **이광수** 사실은 청년 세대나 자산이 없는 분들은 불가피하게 부동산을 못 사잖아요.

• **안진걸** 진입장벽이 높죠.

• **이광수** 저는 이걸 계단으로 이용했으면 좋겠어요. 주식을 통해서 내 집을 마련하는 거죠. 주식과 부동산을 균형 있게 알면 좋겠어요.

결국 우리가 투자할 때 가장 고민하는 게 뭡니까? 언제 사느냐, 무엇을 사느냐? 이거 말고는 없잖아요. 자산의 본질에 집중하면 방법이 나와요. 한번 비교를 해드릴게요. 주식의 본질은 언제나 사고팔 수 있다는 거죠.

미래는 현재에 이미 일어나고 있다.

The future that has already happened.

- **박시동** 촛불집회 하는 중간에 한 주 사고, 시위하다가도 한 주 사고.

- **이광수** 고발하면서도 한 주 사고.

- **안진걸** 합참의장 후보자는 북한이 미사일 쏠 때도 하고.

- **박시동** 그러면 안 되죠.

- **이광수** 그게 주식의 장점이에요. 우리가 항상 이런 말을 합니다. "아이고, 코로나 때 살걸!" "서브프라임 때 살걸!" "어제 팔걸!" 아니, 언제나 사고팔 수 있는데 왜 그 고민을 하냐고요. 중요한 게 전혀 아니라는 거예요.

- **박시동** 그러니까요. 이런 고민을 하다 보면 '88올림픽 때 살걸'까지 간다고요.

- **이광수** 의미가 없는 일이에요. 그런데 맨날 그 얘기를 하기 때문에 주식으로 돈을 못 버는 거예요.

주식은 WHAT, 부동산은 WHEN

- **박시동** 너무 중요한 말씀입니다. WHEN과 WHAT에 집중하는데, 주식에서의 WHEN은 늘 있는 겁니다.

- **이광수** 그렇죠, 그래서 주식은 뭘 사느냐가 훨씬 중요해요.

- **안진걸** 주식은 WHEN을 고민하기보다 WHAT을 고민해라.

- **이광수** 이해했죠? 그런데 우리는 항상 반대로 합니다. "언제 사야 하지?" "그때 왜 안 팔았어?"
  하지만 부동산은 그렇지 않아요. 우리가 부동산에 관해서는 대부분 뭐라고 얘기하나요. "어디 사냐?" "어디가 좋아?" 이러잖아요. 그런데 부동산은 이게 의미가 없어요.

- **박시동** 이건 또 왜 의미가 없습니까?

- **이광수** 어디가 좋은지는 다 알아요. 그러면 뭐가 차별화될까요? 강남이고 압구정이 좋다는 거 모르는 사람이 누가 있어요. 그런데 10만 원, 20만 원을 내고 부동산 세미나를 들으러 가잖아요. 전문가들이 뭐 하는 줄 아세요? 한강을 그려놓고 한강 근처에 있는 거 사라고 해요. 이게 말입니까, 소입니까. GTX 뚫리는 게

비밀인가요. 다 알잖아요. 그런데 왜 그 얘기를 하고 있을까요.

　부동산은 가장 논란인 게 언제나 사고팔 수 없다는 점이에요. 그래서 부동산은 '언제'가 훨씬 중요합니다.

・박시동　이걸 아는 것만으로도 10억 번 겁니다.

・이광수　기본적으로 부동산은 움직이지 않는 자산입니다. 제가 이런 얘기를 하니까 어떤 분이 농담 삼아 묻더라고요. "하울의 움직이는 성은 부동산이냐?"

・안진걸　그런 특이한 질문을 하는 분이 꼭 있습니다.

・이광수　일단 주식은 WHAT을 고민하고 부동산은 WHEN을 고민하면 본질에 집중하는 투자의 준비가 다 된 거예요.

・박시동　진짜 중요한 말씀을 해주셨는데요. 여기서 끝내면 또 질문이 들어오죠. "아니, 그래서 WHAT이 뭔데?" 어떤 주식을 사야 합니까?

・이광수　주식은 회사를 사는 게 아니에요. 자꾸 현혹되면 안 됩니다. 펀드 매니저들이 회사의 주인이 되라고 말해요. 아니, 주식을 산다고 어떻게 회사의 주인이 돼요? 말도 안 되는 얘기들

을 하고 있어요.

- **안진걸** 그렇죠. 한 주 가지고 무슨….

- **이광수** 아무리 많이 가져도 어떻게 이재용 회장을 이기겠냐고요. 우리는 주인이 될 수 없어요. 기본적으로 현실 인식을 바로 해야 해요. 내가 주인이 되는 게 아니라 '돈 벌려고' 하는 거예요. 회사 이름 같은 허명에 속지 마세요. 그러면 주식은 다 공평한 관계가 됩니다. 삼성전자든, 포스코든 다 공평한 주식이 돼요. 그렇게 분석하면 이제 '숫자'가 눈에 들어오기 시작하죠. 즉 삼성전자가 버는 1억과 포스코가 버는 1억이 동일하게 느껴지는 거예요. '숫자'를 통해서 회사를 판단하는 법을 배우게 되는 겁니다.

- **박시동** 너무 중요한 말입니다.

- **이광수** 정량적인 평가를 배우게 되는 거죠. PER, PBR, EPS 등등을 어렵게 공부하는 것도 필요하긴 한데, 중요한 점은 여기에 접근하기 위해서는 숫자에 대한 생각을 바꿔야 한다는 거예요. 숫자는 공평합니다. 삼성전자가 버는 1억과 중소기업이 버는 1억이 똑같아요.
자, 숫자를 보는 마인드셋을 마쳤다. 그다음으로 숫자 중에서 어떤 게 가장 중요한지를 봐야 합니다. 당연히 '매출'입니다.

• **안진걸**　모든 회사의 출발은 매출이죠.

• **이광수**　WHAT을 볼 때, 매출이 증가하는 회사가 가장 좋아요. 매출이 증가하는데 이익이 안 나오는 회사가 대박이에요. 이익은 따라 나오는 거거든요. 회사는 재무제표를 만듭니다. 손익계산서와 대차대조표를 만드는데 손익계산서에 제일 먼저 나오는 게 매출이에요. 왜 제일 먼저 나오겠어요? 제일 중요하니까요. 그런데 우리는 자꾸 밑을 보려고 해요. '이 회사 이익이 얼마지?'를 보지만 중요하지 않아요. 투자는 '미래'에 하는 거라고 했죠. 이익은 그냥 현재의 모습이에요. 미래를 읽으려면 현재의 매출을 보는 게 중요해요.

그다음 단계는 '그럼, 왜 매출이 좋아지지?' 하며 현재를 분석하는 거예요. '요즘 인플레이션이라서 새우깡 가격 오르니까 좋아지네.' 이런 결론이 나왔다면, 지속 가능한지에 대해서도 고민해보는 거죠. 얼마나 재미있어요.

• **박시동**　그렇다면 부동산은 어떻게 하죠?

• **이광수**　부동산은 뭐가 중요하다?

• **안진걸** WHEN!

• **이광수** '가격이 언제 떨어졌고, 언제가 저점이지?' 이런 고민이 가장 중요해요. 그러려면 시장을, 재화의 가격을 구성하는 원리를 알아야 해요. 아주 쉽습니다. 재화의 가격이라는 게 결국 수요와 공급이에요. 수요가 많을 때 가격이 올라가고 공급이 많으면 가격이 떨어지죠. 수요가 없어도 가격이 떨어지죠. 이 메커니즘상 언제가 가격이 제일 쌀 것 같나요? 가격이 싸다는 건, 그 이후로 오른다는 얘기여야 돼요. 이해했죠?

• **박시동** 네, 네, 네, 네.

• **이광수** 그냥 가격이 내려간 게 중요한 게 아니에요. 가격이 그다음에 올라야 싼 거예요. 이 상태에서 계속 있으면 싼 게 아니에요. 그러면 언제가 바닥이냐? 팔려는 사람들이 많은데 사려는 사람들도 많을 때, 그때가 WHEN이에요.
　가격이 똑같이 빠졌는데 팔려는 사람은 많고 사려는 사람은 없다면, 가격이 더 내려가겠죠? 큰 차이입니다.

• **안진걸** 사려는 사람도 없으면 값이 계속 떨어질 거 아니에요.

• **이광수** 그렇죠! 이것을 정확하게 나타내는 지표가 있어요. 가격

이 떨어졌는데 거래량이 증가하는 구간이 반드시 옵니다. 그래서 거래량이 중요한 거예요. 그런데 우리는 주로 "그거 얼마 빠졌어" 이 얘기만 합니다. "그거 거래 잘되냐?"라고 물어본 적이 있어요?

· **박시동** 가격만 얘기하지 거래량은 얘기하지 않습니다.

· **이광수** 거래량이 굉장히 중요해요.

· **박시동** 똑똑한 분들은 눈치챘을 거예요. 주식에서는 매출과 향후 이익을 얘기했고 부동산에서는 수요와 공급을 말했습니다. 둘 다 같은 메커니즘입니다. 매출이 오르는데 이익이 안 오르는 회사, 미래가 밝은데 현재 바닥인 회사를 고르라는 거예요. 부동산도 집값이 쭉쭉 빠지고 있는데 사는 사람이 들어오는 게 중요하죠. 이건 미래를 담보하는 거거든요. 현재와 미래를 같이 계속 얘기하고 있다는 것을 눈치채야 합니다.

· **이광수** 역시! 요약의 황태자야!

2

알지 못해
새는 돈 없으려면

나라가 만들어주는 시드머니

만보기로 10원이라도 더 모으려는 시대

• **박시동** 투자 공부를 열심히 한다 해도 문제는 종잣돈이죠. 시드머니를 모으는 단계가 필요한데, 이게 힘든 분들도 있잖아요.

• **안진결** 한 달에 최저임금 200만 원 안팎을 받는 우리 국민이 1천만 명 가까이 되거든요. 그분들 입장에서는 투자가 꿈같이 들릴 수도 있어요. 용감하게 투자하고 싶어도 당장 먹고사는 게 구만리인 분들이 있어요. 분윳값도 없다고 하는 사람들이 진짜 있거든요. 2023년에 하위 소득 20%는 매달 35만 원 적자라는 통계가 나왔습니다. 모든 계층이 그래도 소득이 조금은 늘었지만 하위 20%는 오히려 줄었어요. 그 상태에서 투자가 되겠습니까.

　법과 제도, 정책과 예산으로 복지제도를 더 확대해야 해요. 노동소득이나 자영업소득이 부족한 부분은 물가수당이나 코로나 시절의 재난지원금 같은 '공적이전소득'으로 채우는 것이 중요하죠.

우리 국민이 요즘 얼마나 힘드냐면요. 2024년 현재 당근마켓 가입자가 3,900만 명입니다. 당근마켓에 왜 가입하겠어요? 한 푼이라도 아끼려고 그러는 것 아니겠습니까. 만보기 어플을 깔아서 하루에 140~200원 정도를 버는 것도 열심히 하고 있잖아요.

• **박시동**　그런 어플이 있어요?

• **안진걸**　많이 있어요. 토스 같은 경우에도 140원을 줬는데 개편이 되면서 50~60원으로 줄었어요. 한번은 토스 관계자를 만나서 물어봤더니, 가입자 수가 너무 증가해서 회사에 부담이 될 정도였다고 해요.

• **박시동**　우리 현실이 그만큼 팍팍하다는 거군요.

• **안진걸**　청년이나 빈곤층, 서민층은 정부나 지자체가 시행하는 여러 복지제도나 생활비 절감 지원제도에 대해 잘 공부해야 합니다. 분야별로도 있고 생애주기별로도 있어요. 아동수당도 있고, 출산지원금, 무상 교복 등도 있고요. 예전에 비해서 대한민국이 많이 좋아졌어요. 하지만 아직도 아동수당이 10만 원밖에 되지 않고, 그것도 만 7세로 한정되어 있어요. 우리가 바꿀 수 있도록 요구해야죠. 한편으로는 그런 정보를 반드시 알아서 신

청해야 하고요.

• **이광수** 신청 안 하면 안 주나요?

• **안진걸** 우리나라 복지제도의 큰 문제점은 '신청주의'라는 겁니다. 자동으로 해주지 않아요. 아동수당의 경우에는 출생 신고를 하면 자연스럽게 안내를 해주고 있어요. 그런 것을 반드시 받으시되, 조건을 좋게 하자고 요구하자는 거죠.

아이 키우는 데 10만 원을 주는 건 출산 장려책도 아닐뿐더러 없는 것보다야 낫겠지만 큰 도움이 되지 않잖아요. 최소한 아이를 키우는 데에 비용 문제 때문에 어려움을 겪지 않도록 만들어주자는 거죠. 그래야 저출생 문제도 해결이 되는 겁니다.

요즘 고등학교까지 친환경 무상급식이 있죠. 초중고 의무교육이고요. 대학 입학 시 입학금이 있었는데 문재인 정부에서 전격 폐지했습니다. 국공립대는 먼저 없어졌고, 사립대는 4년에 걸쳐서 폐지됐어요.

• **박시동** 너무 좋네요. 이런 걸 몰랐네요.

여유 있다 방심 말고 신청하라!

• 안진걸   없어진 거니까 이제는 몰라도 돼요. 하지만 신청주의는 반드시 알아야 해요. 민간 연구기관인 '대학연구소'가 펴낸 자료를 보니까, 2년 동안 휴학하고 어학연수를 가는 기간 포함해서 대학을 5년 정도 다닌다고 치면 1년에 2천만 원씩 1억 정도가 필요하대요. 엄청난 돈이잖아요.

하지만 너무 걱정 안 하셔도 돼요. 국가장학금이라는 제도가 있어요. 이것도 신청주의입니다. 소득 8분위까지는 최소 350만 원에서 많게는 700만 원까지 국가장학금이 지급됩니다.

• 이광수   저는 개인적으로 대출을 받았어요. 모두 다 받을 수 있는 건가요?

• 안진걸   예전에는 대출받는 것도 힘들었죠. 저도 학과 사무실에 가서 조교 선생님한테 사정해서 과마다 2개 정도 지급되던 학자금대출 쿠폰을 받았어요. 그런데 지금은 완전히 바뀌었죠.

• 박시동   좀 자세히 설명해주세요. 누가 받을 수 있다고요?

• 안진걸   무상장학금입니다. 형편이 좋은 9분위, 10분위는 받을 수 없긴 합니다. 물론 성적과 같은 조건이 충족돼야 합니다.

•이광수　여기서 소득은 자산인가요?

•안진걸　네. 연봉을 포함한 자산입니다. 보통 9~10분위이면 합계 연봉이 1억 원 안팎쯤 되는 분들인데요. 소득 9분위 정도는 사실 주변에 많아요. 집과 차가 있고, 부모님이 맞벌이를 하면 9분위가 되는 경우가 많죠. 이런 소득 9분위 중에서 국가장학금을 받게 하는 게 좋다고 봅니다. 교육의 보편성에 따라서 소득분위와 상관없이 장학금은 다 지급돼야 한다는 입장입니다.

　유럽의 여러 국가들은 대학 등록금이 무상이잖아요. 돈이 남아돌아서 등록금을 무료로 하는 게 아니라, 나라 전체의 발전을 위해 그렇게 하는 겁니다. 대학 등록금이 없는 나라들의 경우, 지역 소멸 문제도 거의 없어요. 전국의 대학이 무상인 나라에서 학벌 경쟁이 심할 리가 없죠. 어느 지역에 있는 대학을 나왔어도 같은 능력으로 인정받죠. 국가의 미래를 이끌 인재들이 더 많이 나옵니다.

•이광수　듣기만 해도 이건 투자라는 생각이 드네요. 세상을 바꾸는 게 진짜 큰 투자네요.

•안진걸　국가장학금도 투쟁이 투자가 된 경우예요. 반값등록금 투쟁이 투자가 돼서 차상위계층 학생에게 1년에 700만 원 장학금이 가능해진 거죠. 현재 부분적으로는 무상교육이 실시되고

있어요. 서울시립대는 거의 무상교육이에요. 반값등록금으로 절반으로 깎인 데다가 국가장학금이 중복 적용되니까요. 문과대 학생들이 낸 등록금을 보니까 100만 원 정도더라고요. 그런데 국가장학금은 등록금 액수 내에서 나와요. 한도는 있는 거죠.

그리고 우리가 국가에 중요한 인재를 키우는 학교들이 무상등록금인 건 이해를 하잖아요? 예를 들어 육사, 해사, 공사, 카이스트, 경찰대를 봅시다.

• **이광수** 세금으로 운영되는 학교들이네요. 국가 엘리트를 키우는 학교들이고요.

• **안진걸** 국가 엘리트를 키우는 차원에서 국민이 동의해준 것이죠. 그 논리대로라면 지방 인재, 지역 황폐화를 막을 지방 국공립대의 무상교육을 더 먼저 해줘야겠죠. 전면 무상교육이 어려우면 지방 국립대나 지방 사립대부터 실시해야 합니다. 그래야 학생들이 지역을 선택할 기회가 많아지고, 균형 발전이 가능해지고 지역 소멸도 막을 수가 있겠죠. 지방 사립대의 경우 일부 통폐합이 필요하면 해야죠. 인구는 줄어드는데 대학이 많다는 지적이 있으니까요. 그런 개혁도 필요합니다.

• **이광수** 사실 지역 자영업자에게는 지방 대학의 존재 여부가 결정적이잖아요.

- **안진걸** 그렇습니다. 그러니 수도권 주요 사립대보다 지방 대학을 우선 지원해주면 나라 경제 자체가 크게 변할 수 있습니다. 현재 학자금대출 이자가 1.7%입니다. 매우 낮은 수준이에요. 이것마저도 학자금은 미래를 위한 투자인데 무이자로 하자는 거죠. 학자금대출이 나중에 졸업해서 돈을 벌면 이자를 내는 걸로 바뀌었어요. 돈을 못 벌면 이자를 안 내요. 정확한 명칭은 '취업 후 학자금 상환 특별법'이에요.

- **이광수** 들어보니까 우리나라가 조금씩 좋아지고 있네요.

- **안진걸** 그럼요. 많은 지자체에서는 학자금대출 이자 지원도 해주고 있어요. 고양시에서 이렇게 하고 있는데요. 이것도 역시 신청주의예요. 신청하면 지자체가 1%를 지원해주고, 본인은 이자 0.7%만 갚으면 돼요.

- **박시동** 자, 그 지원 조례를 제가….

- **안진걸** 강원도 화천이 우리나라에서 유일하게 대학 무상교육을 실시하는데 인구가 늘었어요. 서울대든 중앙대든, 춘천에 있는 한림대를 가든 화천에 적을 두면 무상교육이에요. 안산시에 살기만 하면 학기당 최대 100만 원 반값 등록금을 지원해줘요.

• **박시동** 국가장학금에 나이 제한은 없습니까?

• **안진걸** 없습니다. 누구나 언제나 공부할 수 있어야 하니까요.

• **이광수** 그럼 저도 가도 되겠네요.

• **안진걸** 평생교육 시대잖아요. 대학을 한 번 더 가는 사람이 늘고 있어요. 이런 제도를 소개해드리는 이유가 있어요. 투자를 해서 내 재산을 늘리는 게 중요하잖아요. 특히 대한민국은 노후가 불안한 나라이기 때문에 투자 생각을 많이 하게 되는데요. 개인적 투자는 물론이고 사는 데 들어가는 돈을 확 줄이는 사회가 되는 것도 중요한 투자죠. 우리가 살아가는 데 교육비, 주거비, 의료비, 통신비, 이자비, 교통비 이 여섯 가지가 가장 큰 부담이거든요. 만약 유럽처럼 무상교육, 무상의료라면 노후가 덜 불안하잖아요. 영국이 무상의료를 실시하고 있는데 저소득층의 경우에는 차비까지 지원합니다. 우리나라의 경우 10년 전만 해도 무상급식을 하면 나라가 망한다고 했는데, 요즘은 다른 나라에서 친환경 무상급식 제도를 배우러 오죠.

• **이광수** "아버지가 재벌이라도 무상급식을 해야 하냐"는 말이 있었어요. 제가 주식 분석할 때 회사 이름을 빼라고 했잖아요. 아이를 보는데 왜 부모 딱지를 붙입니까? 무상급식이 아이들

을 위해서 하는 거지 부모를 위해서 돈을 제공해주는 게 아니니까요. 그런데 이런 주장이 있을 수도 있겠네요. 요즘 시중금리가 높잖아요. 자녀가 학자금대출 받은 것을 부모가 쓰는 경우가 있을 수도 있겠네요. 저리대출을 이용한다는 논란이 있을 수도 있겠는데요.

• **안진걸** 논란이야 있겠지만 막을 수 없는 것은 사실이죠. 그런데 사실 그걸 어떻게 쓰느냐보다 더 핵심적인 문제가 있어요. 청년들의 경우 등록금만 해결된다고 다가 아니잖아요. 생활비가 부족한 청년들도 많습니다. 학자금대출은 등록금 범위에서만 가능한 금액이라서 그것만으로는 생활이 어려워요. 이럴 때 적당한 대출도 있습니다. 대학생의 경우 1.7% 이자로 한 학기에 200만 원까지 생활비를 대출하는 게 가능합니다.

──────────── **15분 안에는 공짜인 교통비**

• **박시동** 이런 정보를 잘 이용하는 것부터가 생활경제 고수가 되는 지름길이죠.

• **안진걸** 자주 꺼내는 이야기가 있는데요. 대중교통 조조할인제예요. 아침 6시 30분 전에 타야 적용이 됩니다. 시간이 너무 이

르죠. 7시로 개선하면 어떻게 될까요. 오전 7~8시가 출근 피크 타임이에요. 대중교통을 타보면 알겠지만 미어터지잖아요. 6시 30분까지만 조조할인을 적용하니까 분산 효과가 너무 낮아요. 7시 전으로 적용하면 7시에 타던 사람들이 6시 40분, 50분으로 흩어지겠죠. 이런 걸로도 분산 효과가 꽤 있을 거라 예상합니다.

• **이광수**   이 제도를 몰랐네요. 회사 다닐 때 항상 6시 전에 갔으니까요. 백수가 된 후에 버스를 타고 다니니 알았는데요, 광역버스비가 많이 올랐더라고요.

• **안진걸**   버스비가 1,500원인데 6시 30분 전에 타면 300원을 아끼죠. 광역버스비는 할인 금액이 더 많아요. 적은 돈이 아닙니다. 슈퍼에서 물건 사면 포인트가 20점, 30점 쌓이죠? 그 포인트 다 챙기려고 포인트 카드를 넣어 다니잖아요.

• **이광수**   포인트 카드 때문에 지갑이 두꺼워져요.

• **안진걸**   전철에서 방향을 잘못 타거나 화장실 때문에 나갔다 오면 돈을 한 번 더 냈어요. 얼마나 짜증 나요? 물론 역무원한테 잘못 타서 건너간다고 하면 개찰구를 열어주기는 해요. 하지만 이제는 15분 안에 동일 역에서 다시 타면 무료입니다.

• **이광수**   이거 정리하려면 밤새야겠어요. 이런 걸 한꺼번에 볼 수 있는 사이트가 없나요?

• **안진걸**   보조금 통합 포털 사이트(https://www.bojo.go.kr)에서 국고, 지방보조금 정보를 알 수 있어요. 토스 등 인터넷뱅킹에서도 본인이 받을 수 있는 지원금을 찾아볼 수 있습니다. 복지로, 129콜센터 등에서 지원 가능한 게 뭐가 있는지 조회가 가능해요. 저소득층이나 한부모 가정, 장애인을 위한 전기요금이나 가스요금 할인도 있거든요. 역시 신청주의예요.

  65세 이상 어르신은 통신비가 12,100원 감면이 되는데, 이것도 신청을 해야 해요. 모든 노인은 아니고 기초연금을 받는 분 중에 하위 소득 70%에만 지급이 됩니다. 현재 대기업 통신사에게 어르신들이 직접 신청하기 힘드니까, 통신사에서 바로 감면하는 제도를 시행하라고 촉구하고 있습니다. 그리고 '어카운트인포'라는 아주 신박한 앱도 있죠. 휴대폰에 깔라고 여러 번 말씀드리고 있어요.

• **박시동**   그 앱 신박 그 자체입니다. 신용카드 포인트 조회 및 포인트 즉시 현금화 등이 가능하더라고요.

• **안진걸**   5년 된 신용카드 포인트가 한꺼번에 소멸될 뻔했다고 하는 분들이 많아요. 실제 한 분은 80만 원어치가 사라진 경우

도 있어요. 제 말을 듣고서는 앱을 깔고 조회해본다고는 했는데 늦게 들어간 거죠.

• 박시동   이래서 실천력이 중요한 것 아니겠습니까. 실천력이 강한 사람만이 부자가 됩니다.

────────── 푼돈 아끼지 말라는 건 옛말

• 안진걸   조회해보면 휴면 예금, 휴면 보험금 등 자기 계좌가 다 떠요. 계좌의 잔액, 대출금, 신용카드 포인트도 다 뜹니다. 우리나라 국민이 1인당 6개 정도의 신용카드가 있어요. 카드사 할인 혜택 때문에 가입하는 경우도 많잖아요. 공휴일에도 현금화를 해주니 지금 바로 확인해보세요. 5분 안에 돈이 들어옵니다. 제가 아는 약사분은 이렇게 포인트를 현금으로 받고 민생경제연구소로 20만 원 후원금도 보냈어요.

• 이광수   선순환이네요, 선순환!

• 안진걸   연봉 3~4천만 원대 또는 그 이하의 노동자들을 지원하는 근로장려금 제도도 있고, 아동장려금도 있습니다. 드림스폰(www.dreamspon.com) 홈페이지에 들어가면 우리나라 장학금

3,000개 정보가 다 있어요.

  대출을 저금리로 갈아탈 수 있는 제도도 생겼어요. 핀다, 네이버, 토스 등에 가면 대안대출 코너가 있어요. 만약에 1억을 우리은행에서 빌렸다고 가정해볼게요. 이자가 5%나 되니까 너무 비싸요. 그런데 가령 홍길동 은행에서 1억 1천만 원 대출에 4% 이자로 먼저 연락이 온 거예요. 본인이 신청해서 4%로 갈아타면 되잖아요. 수수료도 없어요. 아무 문제도 없습니다.

  본래는 신용대출만 갈아타기가 가능했는데, 2023년 12월부터는 주택담보대출, 전세자금담보대출도 갈아타기가 가능합니다. 가계부채가 지금 거의 2천조인데 그중 1천조가 주택담보대출이거든요. 고금리에 시달리던 많은 분들이 더 저금리로 옮기는 게 가능해졌습니다.

- **박시동** 좋네요. 투자의 첫발을 내딛기 위해서는 결국 시드머니가 필요합니다. 다양한 전략들이 있겠지만, 최저임금을 받는 국민이 1천만이 넘는 현 상황에서 이분들이 투자라는 단계로 넘어가기 위해서는 공적이전소득과 같은 지원이 필요하다는 말씀을 해주셨고요. 투쟁이 곧 투자다! 실천이 곧 투자다! 아주 좋은 이야기였습니다.

- **이광수** 맞습니다!

3

물가와 환율의
대환장 파티에서
살아남기

한국형 소득 불안

_____ 물가는 과연 내리긴 하는 걸까요

• **박시동** 물가가 올라서 좋은 사람이 과연 누가 있을까요? 기업은 좋을까 고민이 되는데요. 지금 물가가 너무 올랐죠? 한번 오른 물가는 내려가지 않는 법인데 고물가 시대에 우리는 어떻게 살아야 할까요.

• **이광수** 본질적인 답을 찾아야 해요. 왜 지금 대한민국 국민이 물가 때문에 힘들어할까요? 전 세계에서 물가는 똑같이 오르고 있습니다. 그런데 우리는 유독 힘들어요. 왜? 본질은 임금이 오르지 않기 때문이라고 봅니다. 우리나라는 OECD 국가 중에서 거의 유일하게 실질임금이 떨어지고 있습니다.

　기본적으로 물가가 오르면 임금도 따라서 올라야 해요. 이때 말하는 것은 명목임금, 즉 물가와 관계없이 노동의 대가로 받는 임금이죠. 미국의 경우에는 인플레이션이 3%대인데 명목임금이 4% 상승했어요. 일본의 2024년 하반기 임금 상승률은 5%

예요. 이렇게 임금 상승이 물가 상승을 초월하기 때문에 그래도 감내할 만하다고 느끼고 돈을 쓰는 거잖아요. 하지만 대한민국은 임금이 안 올라요. 그러니까 물가 상승이 더 고통스럽게 다가오는 거죠.

• **안진걸** 실질임금이 도리어 감소한 것으로 나타나죠. 그러면 어떻게 해야 하느냐. 우선 정부가 움직여야 합니다. 대표적인 게 최저임금인데요. 많은 분들이 최저임금을 올리면 자영업자들이 다 죽는다고 해요. 사실 그렇지 않습니다. 도리어 올려야 하는데 반대로 가고 있죠.

서울시에서 노인을 최저임금법 적용 대상에서 제외하자고 합니다. 하지만 OECD 국가 중에서 최고의 노인 빈곤율과 자살률인데 여기에 더해 급여까지 깎겠다는 건 올바른 해법이 아니죠. 어르신들 최저임금은 이미 차등화돼 있기도 하고요. 우리 국민의 노동 가치가 상당히 저평가돼 있는 문제가 물가로 고통받는 데에 직접적으로 영향을 미칩니다.

• **박시동** "물가 관리 똑바로 해라! 못 살겠다!" 이게 핵심인데 대책을 세우기는커녕, 안 그래도 물가상승률을 못 따라가고 있는 임금을 더 내리지 못해 안달이죠. 최저임금을 연령이나 업종에 따라 다르게 적용하겠다고 하는 것은 결국 노인층과 특정 업종에서 저임금을 강제하겠다는 건데요. 이래서는 경제가 살아

나지 못합니다.

• **이광수** 일부에서는 "임금이 오르면 물가가 더 오른다"고 합니다. 그런데 임금이 올라서 물가가 오르기도 하지만, 물가가 오르면 임금도 따라 올라야 합니다.

저는 물가가 오른다고 해서 반드시 끌어내려야 한다고 생각하지 않아요. 자본주의에서 물가가 올라가는 건 그 자체가 경제성장일 수도 있습니다. 중요한 건 그걸 기반으로 임금을 계속 올려줘야 하죠. 그리고 또 하나 우리가 꼭 알아야 할 게 지금의 물가 상승 이슈는 공급, 쉽게 말해 비용 인상 인플레이션이라는 점입니다.

• **안진걸** 수요 과잉이 아니라 공급 쪽의 문제라는 거죠.

• **이광수** 그렇습니다. 공급 인상일 경우 어떤 문제가 생기냐면, 가격 변동 폭이 굉장히 커집니다. 예를 들어서 국제유가를 한번 살펴볼게요. 수요가 증가할 때는 유가가 40, 50, 60, 70, 80달러⋯ 이렇게 꾸준하게 상승합니다. 그런데 지금 전 세계에서 원유 수요가 줄어드는 상황이다 보니까 공급이 가격을 주도합니다. 우리가 맞이할 시대에는 모든 제품의 가격 변동성이 커질 거예요. 그 변동성에 대비해서 경제를 안정적으로 꾸리려면 임금이 어느 정도 지속적으로 상승해야 합니다. 정치가 할 수 있는 차원이

아니기도 합니다. 사과값은 사과 작황이 문제라서 생기는 건데 정치가 갑자기 사과를 많이 열리게 할 수는 없잖아요.

• **안진걸** 그렇죠. 하지만 기후위기 때문에 작황이 안 좋고 재배 면적이 매년 축소된다는 걸 파악하는 건 정치가 할 일이죠. 기후위기 대책을 세우고, 유통 단계가 복잡해서 폭리가 있다면 단순화시켜서 생산자와 소비자를 바로 연결하거나 아니면 최소한 단계 정도만 거치도록 하는 것도 정치의 역할이죠.

그러니까 똑같은 기후위기를 겪는다 해도 농민과 소비자를 위해서 어떤 대책을 세우느냐가 많은 것을 달라지게 합니다. 작황 면적이나 생산량이 줄어드는 품목에 대해서는 보조금을 지원하는 정책을 세워야 할 텐데, 오히려 그 반대로 하는 정책이 시행되면 누가 재배하고, 누가 사 먹을 수 있겠어요? 물가는 계속 오르겠죠.

• **박시동** 물가는 곧 실질소득과 관련되는 것인데, 그렇게 보면 물가만큼 실질소득 문제와 밀접한 게 바로 세금입니다. 상속세, 종부세, 부동산세 등의 감세 정책도 잘 살펴봐야 합니다.

• **안진걸** 1년 나라 예산이 650조인데 그것마저도 2023년에 세수 감소로 50조 이상 차이가 났습니다. 부자 감세는 필연적으로 일정하게 예산 감소를 동반합니다. R&D 예산을 깎든, 중소기

업 예산을 깎든, 복지 예산을 깎든요.

• **이광수** 사람들 대부분이 감세를 좋아하죠. 감세가 꼭 실제로 우리에게 이득인 것도 아닌 데다가, 부자 감세는 정말 심각한 문제를 낳습니다. 종부세 감세가 이루어지면서 100만 명이 내던 게 40만 명으로 줄었어요.

근원적으로 국가 예산이 줄면 재정 적자 폭이 커지고, 저항이 적은 복지 예산 쪽 지출을 크게 줄이거나, 혹은 조세 저항이 적은 종류의 세금을 늘리겠죠. 그런 종류의 세금일수록 서민이나 중산층에게 더 큰 영향을 미칠 거고요. 결국 주머니가 얇아집니다. 서민들은 투자를 위한 자금을 모으기가 더 어렵게 되겠죠.

환율은 관리돼야 정상입니다

• **박시동** 이어서 환율 문제를 다뤄보도록 하겠습니다. 달러 환율이 1,360~1,380원대에서 움직이고 있어요. 상당한 고환율 구간이죠. 현재 고환율의 원인이 간단하게 어디에 있다고 보시나요?

• **이광수** 가장 큰 원인은 달러의 강세입니다. 그다음으로 국제 정세가 어렵고요. 그러다 보니 안전자산이라고 하는 달러와 금

가격이 오르는 게 사실 큰 축입니다. 그런 측면에서 불가피한 측면이 좀 있긴 합니다만, 잘 관리되고 있느냐는 질문을 안 할 수 없죠. 정부, 정치권, 금융당국, 한국은행에서 환율 관리 문제를 어떻게 받아들이고 있느냐도 중요합니다. 그런데 그 지점에서 문제가 굉장히 심각하다고 보고 있습니다.

박시동 관리의 문제, 인식의 문제가 있다는 말씀이군요.

이광수 어떤 문제가 발생했을 때 그 문제를 바라보는 방식을 두 가지로 나누면 좋겠어요. 우리가 할 수 없는 부분, 우리가 관리할 수 있는 부분을 나눠서 이야기해야 하지 않을까요. 한국은행 총재가 팔레스타인-이스라엘 전쟁이 끝나면 환율이 안정될 거라고 말합니다. 그런데 이 전쟁이 한국은행 총재가 통제할 수 있는 문제인가요? 이렇게 말하는 것은 참 무사안일이죠. 책임자 중에 이러한 인식 수준을 가진 사람이 많아요. 중동 정세가 안정되면 유가도 안정된다? 아니, 그걸 누가 모르나요?

박시동 제어할 수 있는 요인이냐 아니냐!

이광수 국제 정세의 불안 요인이 줄어들면 환율이 안정된다는 걸 누가 모르나요. 그런 말을 장관이나 한국은행 총재가 한다는 것부터가 문제라고 봅니다.

• **박시동** 전쟁이 언제 마무리될지 어떻게 알겠습니까. 그 말은 만약 중동전쟁으로 발전하면 환율이 1,500원까지도 올라간다는 건가요?

• **이광수** 그러게요. 자기가 할 수 있는 얘기를 해야죠. 전쟁은 콘트롤 할 수 없는 거예요. 외환당국에서는 환율 방어를 어떻게 할 생각이다, 수입 물가가 문제이니까 어떻게 대응하겠다, 이런 종류의 얘기를 해야죠.

• **안진걸** 원자재를 수입하는 회사들은 물가 인상을 준비하고 비축이 끝났다고 해요. 상대적으로 환율이 낮을 때 사놓은 물량이 충분한 거죠. 이제는 가격을 올려도 되니 결국 물가가 더 오를 것 같아요. 보통 문제가 아닙니다. 해외에 진출해 있는 국민도 많지 않습니까. 예를 들어 어학연수를 위해 외국에 나간 유학생들요. 예전에는 한 달에 1천만 원 송금하던 것을 1,500만 원을 보내야 하죠. 안 그래도 내수가 완전히 침체됐는데 해외로 나가는 돈만 더 많아지게 생긴 거예요. 이러면 내수 경기가 더 안 좋아집니다.

• **이광수** 요즘은 해외 파견 직원들의 급여도 원화로 지급한대요. 그러면 실질소득이 엄청 줄어들겠죠. 거의 30~40%는 줄었을 거예요.

• **안진걸** 그래서 달러를 보유하는 사람들이 이익을 보는데, 이들 중에 부자가 많아요. 부익부 빈익빈이란 게 경제 위기에 더 가속화되고 있습니다.

• **박시동** 같은 현상도 언제 어떤 상황에서 벌어지느냐에 따라서 충격이 다릅니다. 가처분소득이 땅으로 떨어지고 고물가로 민심이 견디지 못하는 상황에서 고환율은 고물가의 직격탄 아니겠습니까? 1차적으로 수입 물가 자체를 올리고, 2차적으로 내수 침체까지 줄줄이 영향을 줄 거거든요. 보통 문제가 아닌 것 같아요. 2차, 3차 영향을 생각한다면요.

• **이광수** 그래서 전 세계 국가들이 물가를 잡으려고 노력하고 있잖아요. 모든 경제 이슈는 사실 물가예요. 한국처럼 이렇게 환율이 계속 올라가면 물가를 잡을 수 없는 거죠. 수입 제품을 많이 쓰는데.

• **안진걸** 우리는 수입 의존도가 매우 높아요. 당장 식량 자급률도 쌀을 빼면 5%입니다. 쌀을 포함하면 자급률이 25%인데, 나머지는 다 수입한다는 이야기예요. 1차적으로 먹는 식량뿐만 아니라 가공 식량도 다 수입한다는 거죠.

• **이광수** 잠깐 상식 시간을 가져볼까요. 가끔 경제에 익숙하지

않은 분들이 "환율 상승이 대체 뭐냐" 이렇게 물어보는데요. 환율에서 '환'은 외환을 뜻하고요, '율'은 쉽게 말해 가격이라 생각하면 돼요. 그래서 환율이 오른다는 것은 외환의 가격이 오르는 거예요. 반대로 원화의 가치가 떨어진 거죠. 즉 달러 가치가 올라갔으니까 달러로 표시된 제품을 사 올 때 우리 돈을 더 많이 줘야 하는 거죠. 그래서 물가가 올라가는 겁니다.

• 박시동 세계적으로 봐도 우리가 달러 대비 약세율이 가장 높은 축에 들어갑니다. 환율에 민감한 우리나라 경제 현실에서, 큰 리스크에 노출됐다는 걸 정부나 당국자들은 왜 모르냐는 거죠.

• 안진걸 지금이 IMF 때나 세계금융위기, 코로나 때랑 비슷한 상황이잖아요. 환율도 마찬가지예요. 현 정부 들어서만 달러당 1,400원을 두 번 돌파했는데 이렇다 할 위기 요인이 없었습니다. 으르렁거리고 있다고는 하나 남북 간 전쟁이 벌어진 것도 아니고요. 그러니까 환율 관리 당국자들을 지적할 수밖에 없는 거죠.

• 박시동 우리가 왜 이렇게 어려운 상황인지 둘러보니 두 가지를 꼽을 수 있을 것 같은데요. 하나는 방어선 목표 설정이 쉽지 않아 보입니다. 또 하나로는 총알이 많지 않은 것 같아요. 이 정부에 들어서 외환 보유고 500억 달러가 사라졌어요. 4,600억 달

러로 시작했는데 현재 4,100억 달러 수준입니다. 이것도 사실 우리가 돈으로 들고 있는 게 아니라 여기저기에 투자된 게 많지 않습니까. 외환 보유고라고 해도 실제 유동자금이 많지는 않습니다. 실제로 환율전쟁에 쓰이는 외평기금이 266조가 있다고 하는데, 곧이곧대로 믿기 힘든 상황입니다.

- **안진걸** 이것도 정부에서 끌어다 쓰지 않았나요?

- **박시동** 네, 맞아요. 2023년에 정부가 무려 56조라는 천문학적 세수 결손을 냈죠. 추경으로 국채를 발행하는 등 세입 대책을 마련했어야 했는데, 정부는 괜찮다고 이야기했습니다. 이건 말이 안 되는 거예요. 들어올 돈 56조가 안 들어오게 됐는데, 가만히 앉아서 어떻게 해결을 합니까? 결국 정부는 외환시장에서 환율을 방어하도록 만들어진 기금인 '외국환평형기금'에 있는 돈 20조 원을 세수 결손을 해결하는 데에 사용하는 꼼수를 부렸습니다.

　쉽게 설명하면 아버지가 수입이 부족해지자 은행에서 잠시 대출하면 될 것을, 아들 등록금이나 딸 결혼자금으로 따로 마련해둔 비상금에서 털어 쓴 형국이죠. 원래 2023년에 외평기금에 부족한 달러를 채우기 위해 외평채를 발행할 계획이었습니다. 금리가 조기에 하락할 거라고 전략 판단을 잘못하는 바람에 외평채 발행도 제대로 못 하고 한 해가 지나갔습니다.

• **안진걸** 이게 환율 관리가 제대로 되지 않는 이유이기도 한 거 아닙니까?

• **박시동** 그렇죠. 환율시장이 불안하면 즉시즉시 개입해야 하는데, 사실 환율전쟁에 쓰일 총알이 충분한 상황은 아닌 거죠.

금리, 샌드위치 신세가 되다

• **이광수** 환율이 오른다는 건 달러 가치가 올라간 거고 반대로 원화 가치가 떨어진 거잖아요. 그렇다면 원화 가치를 어떻게 올려야 합니까? 금리를 건드리면 됩니다. 그런데 우리나라가 금리를 건드리지를 못하고 있어요. 왜일까요? 부동산과 가계부채 때문이죠.

예를 들어서 상대적으로 고금리를 지속하면 물가도 안정되고 원화 가치도 올라갈 거 아니에요. 환율도 안정되고요. 그런데 문제가 뭡니까? 한계차주나 자영업자가 힘들어질 수 있죠. 반대로 금리를 확 내리면 가계부채가 늘고, 늘어난 부채가 부동산시장으로 흘러들어서 결국 또 집값을 불안하게 할 수 있어요. 이러지도 저러지도 못 하는 샌드위치에 낀 상황이에요.

한편 고금리로 어려운 분들이 걱정된다면, 그걸 해결하는 정책을 만들면 됩니다. 예를 들어 지원금을 지급하거나, 이자를 지원하면 되거든요. 그런데 정작 금리 정책의 이런저런 부작용은 말하면서 구체적인 서민 대책, 지원 대책은 전혀 검토하지 않고 있어서 답답합니다.

금리를 올리든 내리든 조금 과감하게 하는 것이 좋다고 생각해요. 예상 못 한 시점에 예상 못 한 내용으로 시장을 깜짝 놀라게 해야 정책의 목표 달성은 오히려 더 잘될 수 있어요. 맨날 인하한다고만 하다가 갑자기 올리면 시장에서 제대로 먹히고 환율도 안정될 거라고 보고 있습니다. 반대의 경우도 마찬가지고요.

• **안진걸**   금리 인상의 첫 번째 부작용으로 가계부채와 기업부채를 이야기하거든요. 결국 그 이자에 대한 핀셋 지원으로 환율 상승으로 고통받는 층에 대한 문제가 해결된다면 못 할 것도 아닌 거죠.

• **안진걸**   그런데 우리도 금리 인하를 기정사실화 해놓고도 미국 금리 인하만 바라보고 있으니까, 상황이 꼼짝을 안 하는 거죠.

• **이광수**   우리나라 수출이 감소하면 뭐라고 합니까? 반도체 경기가 안 좋아져서 그렇다고 하잖아요. 그렇다고 우리나라가 반도체 경기를 어떻게 좋게 만들어요? 못 해요. 수출이 감소하면 정부가 할 일을 고민해야죠. 반도체 경기가 좋아지면 수출이 좋아질 거라는 말은 아무 말도 아닌 것과 똑같아요. 중동이 안정

되면 환율도 안정되겠죠. 이런 말도 아무 말이 아닌 거예요.

• **박시동** 이광수 소장의 말은 제대로 전환점을 만들어낼 대책, 시장이 정말 깜짝 놀랄 만한 대책을 내야 하는데, 정부가 한가한 소리를 하고 있다는 뜻인데요. 역으로 말하면 다소 극단적인 대책 또는 적극적인 시장 개입 정책이 얼마든지 가능함을 강조하는 것으로 들립니다.

• **이광수** 지금은 비상 상황이에요. 한가한 때가 아니니까요. 1980년대 오일쇼크 당시에 전 세계가 사실은 스태그플레이션, 즉 물가도 오르고 실업률도 올라가는 극단적 상황이 있었어요. 미국에서 폴 볼커라는 연준의장이 금리를 엄청나게 인상시킵니다. 예상을 뛰어넘는 수준으로 금리를 인상시키니까 그 이후로 미국이 경제도 성장하고 물가도 안정되는 변화가 일어나거든요. 이와 유사하게 대한민국도 그런 과정이 필요하다고 생각합니다.

왜 말을 못 해, 소득이 문제라고!

• **박시동** 지금까지 물가, 환율, 금리 이야기를 했는데요. 앞으로 어떻게 될 것 같습니까?

• **안진걸** 물가는 더 오를 겁니다. 정부의 대처 능력으로 봐서는 제대로 관리되지 못하고 있어요. 허리띠를 더 졸라맬 준비를 해야 합니다. 채소, 과일 등 먹거리 가격도 올랐는데 기후위기까지 이미 진행되고 있지 않습니까. 날씨로 인한 어려움이 매우 큽니다. 국제 정세까지 불안의 연속인데 공공요금도 계속 인상시키고 있어요.

• **박시동** 내수경제가 무너지는 걸 방어하는 게 급선무라 봅니다. 그러면 국가 재정을 통해 내수가 살아날 수 있도록 어느 정도 마중물을 던져주는 정책이 꼭 필요해요.

• **이광수** 우리나라 GDP에서 내수가 차지하는 비중이 50%가 넘어요. 수출도 중요하지만, 내수가 계속 위축돼서 경기가 안 좋은 겁니다. 소비를 지원하는 정책이 나와야 합니다. 그게 마중물 역할을 해주면 실물경제가 좋아지고, 자연스럽게 임금도 올라가고 인플레이션을 이길 수 있는 힘이 생긴단 말이죠.

국가에서 돈을 쓰면 물가가 올라가기 때문에 안 된다고 하는데, 이제는 맞는 말이라고 볼 수 없어요. 다른 시도가 필요합니다. 돈을 쓰면서도 물가를 잡을 수 있는 정책들이 나와야 합니다. 전 세계가 그런 정책들을 고민하고 시행하려 하는데, 우리나라는 그냥 국가가 돈 쓰면 물가가 오르니까 안 된다는 원론적인 말만 하고 있어요.

• **안진걸** 코로나 때 경험해봤잖아요. 적은 돈이라도 풀면 훨씬 도움이 됩니다. 사실 코로나 때 정부가 재정지원 정책을 더 많이 했어야 합니다. 대출지원 정책 말고요.

• **이광수** 저도 비슷합니다. 코로나 때 정치가 실제로 도움이 된다는 것을 느꼈거든요. 그때 경험했잖아요. 내가 어떻게 사는가만 보는 게 아니라 '주변에 문 닫는 가게가 없어야 하지 않나' 이런 생각을 했죠. 주변을 둘러봤어요. 그런 관심들이 재난지원금과 함께 우리 경제를 돌게 만들었죠. 필요한 정책은 이런 거예요. 서로에 대한 관심이 일어나는 방식으로 국가가 돈을 쓰라는 겁니다.

• **박시동** 국가가 주는 돈이라서 쓰는 것도 다르게 쓰게 된다!

• **이광수** 어려울 때에 국가가 돈을 줘서 쓰라고 하면 어떤 마음이 듭니까? 장사가 안되는 할머니 가게에 가서 쓸까, 이렇게 생각하잖아요. 유난히 착한 사람들만 그런 게 아니라니까요. 많은 이들이 소비를 그런 방식으로 하게 돼요. 이런 게 측은지심인데, 측은지심이 커져야 경제가 잘된다고요. 각자도생이 아니고요.

• **박시동** 왜 우리가 이런 이야기를 하느냐. 아무리 저성장 시대라

고 해도 한국은 너무 심하다. 나도 열심히 살겠지만, 나라도 좀 할 일을 해라. 이 말입니다. 지금 우리나라 성장률이 사실은 엉망이에요. 2023년에 1점대를 기록했거든요. 2024년 정부 목표가 2점대인데 제대로 될지는 모르지만, 목표에 근접했다고 해도 높은 수준이 아닙니다. 작년 대비 성장률이거든요. 2점대 성장률이 나와도 기저 효과에 근거한 수치이기 때문에 긍정적으로 해석해서는 안 됩니다. 지금 우리 경제는 한 번도 지나본 적 없는 기간을 돌파하는 중입니다.

• **안진걸** 대한민국처럼 열심히 일하는 나라에서 말이죠.

• **박시동** 사실상 물가를 고려하면 마이너스 성장 중인데, 주요 원인으로 재정이 마이너스 영향을 주고 있어요. 재정 지출 때문에 실제로 경제성장률이 마이너스 효과를 받고 있는데 정부는 손을 놓고 있습니다.

• **안진걸** 물가가 이만큼 올랐어도 소득이 상승했으면 물가 재난지원금도 필요 없겠죠. 미국뿐만 아니라 일본도 임금 인상 압박을 많이 받고 있습니다. 어떤 식으로든 내수를 활성화하고 물가 부담을 덜면 실물경제는 확 살 겁니다. 중소기업의 고용도 늘어날 수도 있죠. 고용이 늘고 세금도 더 걷히겠죠. 이미 캘리포니아주에서는 '인플레 수당'이라는 지원금을 지급했어요.

여러 주가 물가 인상에 버티라고 시민들에게 수당을 지급했습니다. 미국의 자본주의가 엉망인 것 같아도 유능한 정책이 많습니다.

• **이광수** 미국의 한 주에서 노숙자가 증가하자 노숙자를 위한 세금을 거뒀어요. 사회적 의존 소득과 같은 지원을 해주자는 거였죠. 처음에는 반대가 많았어요. 그런데 지원금으로 노숙자가 없어지니까 관광객이 증가하기 시작했어요. 다시 경제가 활성화되고 지역이 살아났죠. 이런 변화가 그냥 '듣기 좋은 착한 소리'가 아닙니다. 결국 경제는 '순환'이 핵심이에요. 돌고 돌아야 하는 겁니다. 그런 관점에서 보면 경제가 확 좋아질 수 있는 묘책들이 얼마든지 있습니다. 작은 정책으로 보이지만 큰 영향을 줄 수 있는 일들이 있어요.

• **박시동** 나비 효과를 우습게 보면 안 됩니다. 한국보다 한때 저출생 문제가 심각했던 일본이 현재 우리나라보다 상황이 좋아졌잖아요. 일본의 한 지자체에서 노숙자를 지원했는데, 그 이유 중 하나가 육아를 위한 좋은 환경을 만들자는 거였어요. 부모들이 유모차를 끌고 공원에 가서 산책도 하고 놀고 싶은데, 노숙자가 많아서 집 밖에 나가질 않는 거예요. 그런데 노숙자가 줄고 공원이 쾌적해지고, 아이들을 데리고 길에서 놀게 되니까 삶의 만족도가 높아졌어요. 그러면서 아이를 낳고 키우는 게 행

복하다는 인식이 퍼졌죠. 노숙자 문제를 해결하니까 육아 환경이 좋아지면서 출산율도 높아졌다고 해요.

 '관계야 있겠지만 꼭 그 때문이겠어?'라고 생각하는 사람도 있을 거예요. 확실한 건 불안한 사회에서는 아이를 낳기가 더 꺼려진다는 겁니다. 사회적 불안을 줄여야 인구가 늘고 활동이 늘고, 그것이 경제를 살아나게 합니다. 즉 어떤 공공 정책을 시행하느냐에 따라 삶의 질과 경제가 얼마나 달라질 수 있는지를 보여주는 거죠.

• **이광수** 사실 이런 게 경제 이야기죠. 이게 경제 이야기가 아니면 뭐란 말이겠어요.

결국 경제는 '순환'이 핵심이에요.
돌고 돌아야 하는 겁니다.

4

우리도 한번
돈 벌어보세

부자 이야기 1

부자 되세요, 이후 20년

● **박시동** 경제하면 첫 번째로 드는 생각이 뭐죠? '부자' 아닐까요. 다 부자가 되고 싶어 하니까요. 부자란 뭘까, 어떻게 해야 부자가 되는 걸까, 부자를 어떻게 바라봐야 할까 등등 이른바 '부자론'에 대한 이야기를 나눠보겠습니다. 첫 번째, 부자의 기준이 뭘까요?

● **이광수** 부자라는 기준이 굉장히 다르잖아요. 흔히 예금이 얼마 이상, 유동성 자산이 얼마, 집이 한 채 이상 등등을 평균적으로 이야기하는데요. 제가 볼 때는 행복과 비슷한 것 같아요. 자기 기준이 낮으면 돈이 좀 적더라도 부자처럼 느껴지고요.
　경제학자 폴 새뮤얼슨의 행복론을 예로 들어보겠습니다. "행복이라는 건 결국 자기의 욕심과 반비례한다." 즉 욕심이 많을수록 행복하지 않은 거죠. 마찬가지로 자기의 기준, 부의 기준이 낮다면 조금 있어도 부자라고 생각하는 거고요. 제가 이런 말을 하는 게, 돈이 적어도 부자라는 말을 하고자 하는 게 아닙니다. 이런 생각이 중요한 이유는 그래야 각자가 성취 가능한 목표가 나오기 때문이라 봅니다.

누구나 부자가 되고 싶죠. 그러려면 노력해야 하는데, 목표가 있어야 노력도 합니다. 막연하게 '부자가 되고 싶어'라고 해봐야 부자가 될 수 없잖아요. 자신의 상황을 객관적으로 판단하고, 목표를 세워서 성취해야 합니다. 사실 '주식으로 100억 벌어야지'는 불가능하잖아요. 이런 생각으로는 부자가 될 수는 없으니까요. 그런 차원에서 부자에 대한 저마다의 기준을 잘 세우는 게 중요하다고 생각합니다.

안진걸 "부자 되세요~"라는 광고가 등장한 지 벌써 20년인데요. 그 광고가 처음에는 어색하게 느껴졌는데, 지금은 '덕담'처럼 나누는 말이 됐어요. 이 현실은 인정해야죠. 물론 "어차피 인생은 공수래공수거 아니냐"라고 하면서 이런 욕망 자체로부터 초월하는 분도 있어요.

그러나 욕망은 불안에서 오기도 하거든요. 대부분의 서민이나 중산층, 심지어 웬만한 부자도 노후가 불안합니다. 향후 한국경제, 더 나아가서 세계경제가 어떻게 될지 모르니까 현금 또는 현금보다 좀 더 안정된 자산을 가지고 싶어 하죠. 우리가 '대한경제부흥'을 외치는 이유도 이거죠. 나라가 잘살아야 하고, 나라가 잘사는 게 내 삶의 불안도 없어지는 방향이면, 사실 죽

어라고 '부자'에 목매지도 않습니다.

- **박시동** 부자에 목을 매는 건 불안해서다!

- **안진걸** 늙어서 가난이나 병으로 비참하게 살고 싶지는 않죠. 그리고 최소한 자녀가 우리 어머니나 아버지처럼, 혹은 제가 자랄 때처럼 힘들지는 않았으면 좋겠다는 마음도 있고요. 그러려면 웬만한 현금과 자산 확보는 반드시 필요하다는 거죠. 이건 나쁜 게 아니에요. 너무 당연한 바람입니다.

  문제는 이 바람을 어떻게 달성할 수 있는 사회인가죠. 옛날에 백만장자라는 말이 있었는데요. 예전에 백만 달러면 10억 정도입니다. 지금 환율로 보면 13억인데, 13억이 있다고 해서 부자라고 생각하지 않아요. 서울이나 수도권에 10억 안팎의 집이 많으니까요. 요즘 서민이나 중산층 사이에서 부자라고 하려면 최소 20~30억 이상은 있어야 할 거예요. 그 정도는 있어야 불안하지 않게 생활할 수 있다고 생각하니까요.

- **박시동** 그런데 그 정도로도 불안해하지 않나요?

- **안진걸** 일단 집이 문제죠. 최소한 집 한 채, 그다음 현금자산 몇 억 정도가 있어야 한다고 생각하죠. 이 자산을 우리가 열심히 노력해서 얻을 수 있나요? 30~40년 일해도 집 한 채가 없는 분이

많고 현금자산이 거의 없는 분이 많습니다. 한국은행과 통계청, 금융감독원이 실시한 '2023년 가계금융복지조사 결과'에 따르면 우리나라 가구는 평균 9,186만 원의 부채를 보유해 관련 통계 작성 이래 최대 수준이라고 해요. 이런 상태이니까 부자는 꿈도 못 꾸는 거죠. 부자가 될 수 없고 부자의 꿈도 꿀 수 없는 비극이죠.

재벌이 되자는 게 아니잖아요. 노후 불안이 없는, 공정하게 교육을 받을 수 있는 환경 정도를 바라는 겁니다.

• **박시동** 우리도 부자의 목표를 세워봅시다. 결국 자기가 부자라고 느끼는 개인별 기준이 중요하다고 말씀해 주셨는데요. 기준이 높으면 아무리 재산이 많아도 상대적으로 부자가 아니라고 느낄 것이고, 기준이 겸손하면 상대적으로 내가 부자라고 느끼지 않겠습니까.

KB에서 1년에 한 번씩 부자 리포트를 발행합니다. 이 자료를 보면 10~50억 원 정도를 보유한 사람에게 "당신은 부자입니까"라고 물었더니, 부자라고 답한 비율이 높지 않았어요. 100억이 넘어가는 자산가에게 물었더니 드디어 80%가 스스로 부자라고 답했다고 합니다.

• **이광수** 흥미로운 지점이네요.

가구 평균 9,186만 원의 부채

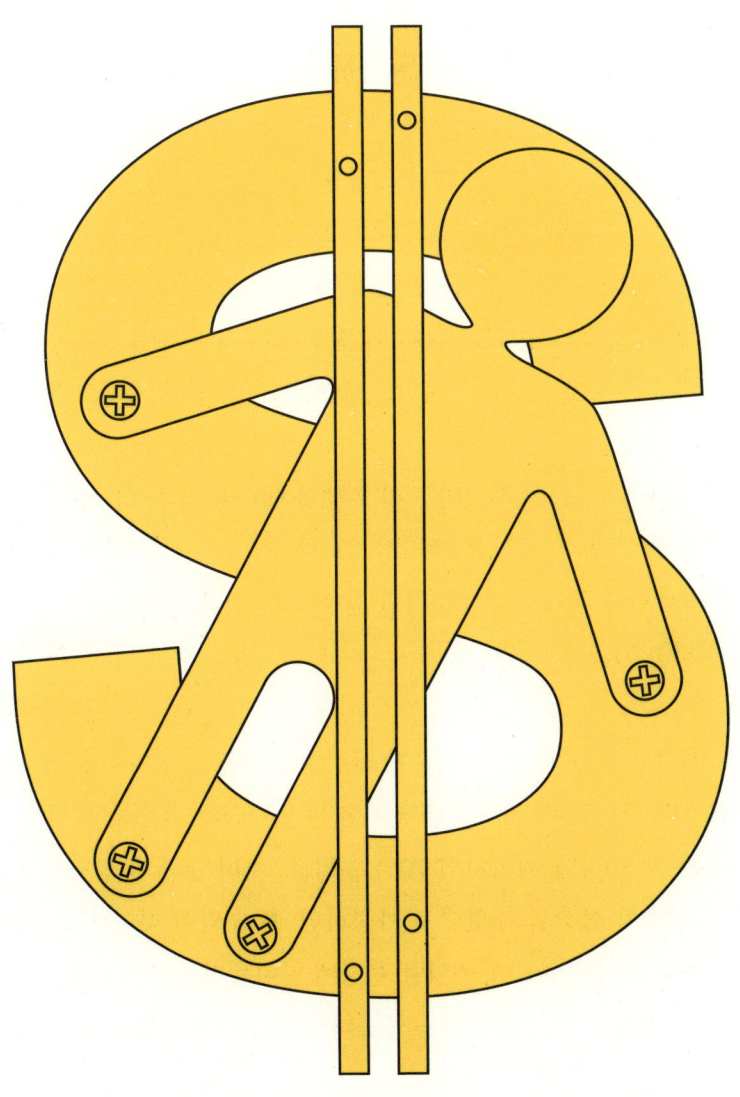

• **박시동** 이게 무엇을 말해줄까가 중요한데요. 이제 대한민국에서는 100억 정도 보유해야 자타공인 부자라고 말할 수 있다는 겁니다. 그만큼 격차가 심해졌다는 거예요. '부자라면 상위 1%는 돼야 하지 않겠어?'라는 생각이 든다는 거죠.

실상은 어떨까요? 통계에 따라 다르겠지만 KB 통계에 따르면, 거주용 부동산을 제외하고 금융자산, 현금자산으로 10억을 보유한 사람이 대략 0.8%입니다. 1%에 가깝죠. 약 40만 명 내외라고 보면, 서울시 서초구 전체 인구 정도고 지방으로는 세종시 인구 정도의 규모입니다. 이 정도 인구가 거주용 부동산을 제외하고 추가적인 금융자산으로만 약 10억 원을 가지고 있습니다.

그러니까 "당신 부자야?"라고 했을 때 "어, 맞아 나 부자야"라고 말할 만한 사람은 총자산 100억 정도 있는 사람인 거고, "나 대한민국 1%"라고 하려면 집 빼고 통장에 10억은 더 있어야 하는 거죠.

• **이광수** 왜 100억 넘게 보유한 사람들이 스스로 부자라고 할까요? 비밀이 있어요. 서울 강남에 집이 있다고 예를 들어볼게요. 집값 약 30억을 제외하면 70억이 남죠. 자녀 둘에게 평균적으로 20억씩 상속을 해줬다고 가정하면 총 40억이 나가죠. 그러면 30억이 남아요. 이 30억을 은행에 넣어두면 4% 이자 기준으로 정확하게 1억 2천만 원을 얻습니다. 노후에 월 1천만 원 소득

은 필요한 사람들이라는 거죠.

• **안진걸** 이분들이 직장에 다닐 때 월 1천만 원 이상의 급여를 받았을 가능성이 높아요. 보통 소득을 1~10분위로 나누는데, 부자 계층이라는 9~10분위의 연봉이 대략 1억 원이나 그 이상입니다.

• **이광수** 자기 소유의 집이 있고 월 1천만 원씩 꾸준히 들어오면 노후 걱정이 안 되잖아요. 이게 부자의 실체네요.

왜 나는 부자가 못 되었나

• **박시동** 재미 삼아 여쭤볼게요. 각자 기준에 따라 답은 다르겠지만요. 이광수 소장은 부자입니까? 예스 혹은 노로만 대답해주십시오.

• **이광수** 네, 부자죠.

• **박시동** 여긴 부자. 그럼, 안진걸 소장은 부자입니까?

• **안진걸** 전형적인 서민 중산층이죠.

- **박시동** '서민'이란 단어와 '중산층'이란 단어가 약간 다른 층을 정의하지 않나요? 그걸 한 단어로 섞어서 본인을 넓게 정의하다니…!

- **안진걸** 정체성이야 자기가 느끼는 대로 아닙니까? 제가 1990년대 후반에 시민단체 간사로 일하던 시절, 일을 시작할 당시에는 월급 25만 원, 정규직으로 자리 잡고서도 겨우 50만 원을 받았어요. 최저임금을 못 받은 적도 있었고요. 그때는 서민이었죠. 이후에 경제연구소를 만들면서 자유롭게 돌아다니고, 강의도 하고 방송 출연도 하고, 자문비도 받으면서 소득이 좀 늘었어요. 그러니 이제는 중산층이라는 느낌이 들죠.

- **박시동** 서민에서 출발해서 중산층까지 왔지만, 부자는 아니다!

- **안진걸** 부자라는 생각은 없어요.

- **박시동** 이광수 소장은 "저는 부자입니다"라고 했는데 스스로 생각한 기준이 뭐였어요?

- **이광수** 저는 제 미래 현금이 크다고 보고 있어요.

- **안진걸** 나는 앞으로 돈이 더 들어올 거다.

• **이광수** 아니, 자산이 아니고, 앞으로 할 일이 창창하다.

• **안진걸** 나 창창하다!

• **박시동** 안진걸 소장도 일을 그렇게 많이 하는데, 부자는 몰라도 중산층은 될 수 있었을 것 같은데요?

• **안진걸** 시민단체에 다닐 때보다는 많이 벌고 있습니다. 시민단체에서 일하면서 사람들이 기부하는 걸 많이 봤어요. 그래서 제 월급이 적을 때는 기부를 많이 못 했지만, 프리랜서가 되고 돈을 벌게 되니까 기부도 할 수 있겠더라고요. 프리랜서니까 더 많이 일해서 더 많이 벌고 기부도 더 많이 하려 합니다.

• **박시동** 집에서 싫어할 텐데….

• **안진걸** 그래서 돈이 들어오면 집에서 알기 전에 그냥 확 다 기부를 해버려요. 이게 습관이 돼서 돈을 모아야 할 때인데도 이미 기부를 해버리고 없더라고요. 그래서 저는 부자가 되긴 글렀다 봅니다. 그러나 마음은 부자잖아요. 아닌가?

• **박시동** 이게 그냥 '착한 일 많이 한다'라고 박수 치고 말 일이 아닙니다. 중산층의 기준이 무엇인지에 대해 각 나라별로 물어

봤다는 기사가 있었는데요. 미국에서는 중산층에 대한 정의에 이런 게 있어요. 자신의 주장에 떳떳하고, 부당함과 불법에 저항하고, 집 식탁 위에 정기적으로 보는 시사 비평지가 놓여 있고….

• 안진걸   저를 그 정도 수준으로까지 대우해줄 것까지야.

• 박시동   꼭 그럴 의도는 아니었지만요. 영국의 경우에는 매사에 페어플레이를 할 것, 자신의 주장과 신념을 가질 것, 독선적으로 행동하지 않을 것, 약자를 두둔하고 강자에 대항할 것, 불의와 불평, 불법에 굴하지 말 것, 기술이 있을 것 등이 들어갑니다. 프랑스 사람들은 외국어 하나 정도는 할 수 있을 것, 다룰 수 있는 악기가 있을 것, 스포츠 하나를 꾸준히 할 수 있을 것, 공분에 의연히 참여할 것 등이 있고요.

• 이광수   한국은요?

• 박시동   한국에 물어봤을 때는 이렇게 답을 했습니다. 예전 통계이기는 합니다만, 부채 없는 아파트 30평짜리 이상 소유, 월급이 500만 원 이상, 자동차는 2,000cc 이상, 예금 잔고 1억 원 이상 보유, 해외여행 1년에 한 번 이상 갈 것, 이런 것들이 나왔어요.

이 조사 방법의 공정성에 대한 비판도 많았습니다. 그런 문제가 있다 하더라도 우리 사회는 중산층의 기준에 주로 물질적인 것들만 있다는 게 쉽게 짐작이 되잖아요? 그런데 방금 안 소장은 '나는 부자가 아니야, 앞으로도 아니야'라면서 그 이유가 계속 기부할 것이기 때문이라고 했어요. 글로벌 기준에서 이런 사람은 충분히 중산층인 거예요.

친절한 사람이 많은 나라가 부자도 많다

· **안진걸** 부자까지는 아니라도 서민이 중산층이 될 수 있는 사회인가 아닌가는 매우 중요하죠. 미국 사회를 보면 두꺼운 중산층이 사회 통합에 기여한다는 느낌이 확실히 있어요.

· **이광수** 책에서 읽은 사례인데요. 거리에서 구걸하는 분이 있고, 그 앞을 지나가는 사람이 있다고 합시다. 그때 "저 사람이 돈을 줄 것 같아요? 안 줄 것 같아요? 그걸 결정하는 기준이 뭘까요?"라는 질문을 외국인과 한국 사람한테 각각 해봤어요. 외국인은 '저 사람이 친절할까 안 할까'를 기준으로 삼았고, 우리나라 분은 '돈이 있을까 없을까'를 기준으로 잡았어요. 여기에서 중요한 게 뭘까요. 본질이 뭘까요. 돈이 있어도 친절하지 않으면 기부하지 않는 게 사실이잖아요.

즉 '친절해야 돈을 준다'고 답한 사회에서는 '어느 정도 여유가 있는 사람'일수록 사회에 참여하고, 다른 이들에 대해 연대한다는 정신이 기본적으로 있는 거죠. 어쩌면 그 사회에서는 그런 행동을 하는 사람이었기에 돈을 벌 수 있었을지도 모릅니다. 성공은 곧 사람이라고 생각해요. 자신을 돕는 좋은 사람을 많이 가진 이들이 성공한다고 생각하는데요. 참여하고 연대하는 사람들이 성공하는 사회인가 아닌가가 너무 중요하죠.

• **안진걸** 예전에 미국의 부자들이 세금 더 내기 운동 본부라는 걸 만들었어요. 조지 부시 대통령이 자꾸 부자 감세를 한다니까 "아니, 왜 자꾸 우리 세금을 깎아주려고 하냐? 우리가 세금 더 낼게" 오히려 그랬던 거죠. 우리가 세금 더 내야지! 그걸로 서민 중산층이나 노동자를 도와줄 거고, 사회복지도 할 거고. 그래야 그 사람들도 건강해져서 열심히 노동해서 기업 발전에 기여하지. 그래야 사람들 월급도 늘고 우리가 만든 물건을 사줄 거 아니냐! 더 많은 부를 창출하기 위해서 나는 세금을 더 낼 테니, 제발, 조지 부시야! 조지고 부시는 짓 좀 그만해라.

• **박시동** 조지고 부시지 마!

• **안진걸** 조지고 부시지 말고 제발 부자들 세금을 더 걷어가라. 한국에서는 꿈도 꿀 수 없는 일이잖아요.

• **이광수** 미국 샌프란시스코에 홈리스가 많이 생겨서 똥 치우는 공무원이 생겼다고 해요. 집이 없어서 길에다 해결하니까 새로운 공무원 직군이 생긴 거예요. 이런 사회에서 사는 건 부자들도 싫겠죠. 그러니 생각이 조금이라도 있는 부자라면 사회적인 헌신을 통해서 변화를 이끌어내려고 하는 거죠.

• **박시동** 제가 진지한 이야기를 참지 못하는 성격이라 여기서 위험을 무릅쓰고 웃기는 이야기를 하나 해보겠습니다. 인터넷에서 가볍게 돌아다니는 '내가 생각하는 부자의 기준'이 뭔지 아세요? 메뉴판 안 보고 소고기 시킬 수 있을 때!

• **안진걸** 보지도 않고 꽃등심 3인분! 주방장 특선 주세요! 저도 이런 거 해보고 싶네요. 다른 걸로는 뭐가 있나요?

• **박시동** 놀이공원에 가면 인기 있는 거 타려고 30~40분씩 줄 서야 하잖아요. 요즘은 비싼 티켓을 끊으면 먼저 들어가는 게 있거든요. 매직 패스! 그거 할 수 있을 때!

_____ **돈으로 살 수 없는 게 많아야, 내가 잘산다**

• **안진걸** 웃기려고 한 말인 거 아는데, 진담으로 받아보겠습니

다. 미국의 학자 마이클 샌델이 매직 패스와 같은 건 문제가 심각하다고 주장합니다. 참고로 30~40분 아니고요, 한두 시간이나 기다립니다!

• **박시동** 계속 농담으로 가보겠습니다. 좋아하는 뮤지컬이나 가수 공연에 거침없이 맨 앞자리를 딱 찍을 때! 내가 일 안 할 때! 이런 답변도 있습니다. 그러니까 노동에 대한 압박이 없는 걸 부자라고 느낀다는 거죠. 회사를 취미로 다닐 수 있을 때라는 거예요. 어, 그러면 이 기준에 따르면 의사는 부자가 아니에요. 왜? 병원을 벗어날 수가 없잖아요.

• **이광수** 재미도 있고 통찰도 있네요. 매직 패스 이야기를 저도 더 해보고 싶은데요. 우리나라의 매직 패스는 진짜 '매직' 패스가 아니에요. 그러나 도쿄 디즈니랜드에는 있어요. 그곳 시스템 중에 '엔트리 리퀘스트(entry request)'라는 것이 있어요. 예를 들어 입장객에게 동전을 10개 정도 드려요. 정시마다 한곳에 모여서 동전 한 개를 넣고 배팅하는 거예요. 당첨이 되면 디즈니랜드의 공연을 볼 수 있는 거죠. 돈으로 사는 게 아니에요. '럭키'로 사는 거죠. 그러면 계속 가능성, 희망이 생기지 않겠어요?

　가능성이 큰 사회가 역동적으로 굴러가고, 그래야 부자도 많이 생겨요. 아예 돈의 액수로 모든 기회가 비례하는 사회는 가

돈으로 사는 게 아니에요.
'럭키'로 사는 거죠.

능성이 없어요. 그래서 저는 오히려 아파트도 그렇게 추첨으로 해야 한다고 봐요.

• 안진걸   마이클 샌델도 돈으로 다 살 수 있는 사회는 결코 좋은 사회가 아니라고 강조합니다.

• 이광수   그렇죠. 마이클 샌델은 대학 입학을 추첨으로 하자고 하잖아요.

• 안진걸   꿈같은 이야기가 아닙니다. 대학 입학 추첨제는 이미 많은 나라에서 적극적으로 검토되고 있습니다. 우리나라야말로 지금 당장 실행할 수 있다고 봅니다. 웬만한 사람들은 다 대학을 가잖아요. 여기에 더해 입시 경쟁이 너무 심하고, 사교육비의 폐해도 매우 큽니다. 대학 서열화의 모순도 심각하니, 한국이야말로 이 문제를 시급히 해결해야 합니다. 그래야 먹고사는 문제도 해결됩니다. 프랑스와 같은 대학 평준화, 유럽과 같은 대학 무상교육, 마이클 샌델이 말한 것 같은 일정 자격 이상 학생들을 대상으로 하는 대학 추첨제 등은 충분히 논의할 수 있습니다. 대학 입학은 쉽지만 졸업은 어렵게 하는 보완책도 필요하고, 대학을 가지 않아도 사회생활을 충분히 할 수 있는 여건도 꼭 만들어야 하고요.

• **박시동**   아니, '부자가 되려면 어떻게 해야 하나'라는 이야기를 하려고 했는데 왜 결론이 이렇게 났지요? 돈 버는 이야기를 하려고 했더니만.

• **이광수**   이게 부자가 많이 생기는 길이라니까요. 이런 생각이 상식이 돼야 실제로 개인도 돈을 벌 수 있다니까요.

• **박시동**   그게 아니고! 본격 부자 이야기는 이어지는 2부에서 해보겠습니다.

5

벌기도 하고
행복하기도 하고

부자 이야기 2

위기라고 울고만 있으면 바보야

• **박시동** 이제 현실적인 이야기로 들어가볼까요. 부자 되는 법이 있을까요? 돈 되는 얘기를 해봅시다.

• **이광수** 네, 알겠습니다! 첫 번째 접근 방식은 '어떻게 부자가 됐는지'를 배우는 거예요.

• **박시동** 부자가 된 사람한테 역사를 배워야죠.

• **이광수** 제가 증권회사에서 오랫동안 애널리스트로 일하면서 부자들을 많이 만나봤잖아요. 대부분의 공통점은 운이 있었다는 거예요. 그런데 제가 여러분에게 '부자가 되려면 운이 있어야 합니다'라고 하는 게 설득력이 있을까요? 설득이 잘 안될 거예요. 그래서 운을 배제시키고 실패한 사람들의 이야기를 끌어들여서 같이 비교해야 해요. 부자가 된 사람들의 공통점과 실패한

사람들의 공통점이 오버랩 되는 지점이 있습니다. 이걸 찾아냈습니다.

• **박시동**   오, 대단합니다. 밑밥을 이렇게나 깔아주니 들을 수밖에 없네요. 대체 뭐죠?

• **이광수**   의외로 굉장히 간단합니다. 첫 번째, 전체적으로 이 상황과 저 상황 사이의 흐름을 읽고 있어야 해요.

• **박시동**   큰 파도, 큰 흐름을 읽으라는 건가요?

• **이광수**   크다 작다가 아니고요. 중요한 건 흐름이에요. '세상은 어떻게 변화할 건가?' 작은 변화라고 해도 그걸 아는 사람들이 부자가 됐어요. 반대로 이걸 모르는 사람들은 부자가 되지 못했어요. 한국에서 주식으로 거부가 된 사람들의 공통점이 있습니다. 바로 IMF나 글로벌 금융위기때 주식을 시작했다는 거예요. 남들이 주식을 사고 주식시장이 호황일 때가 아니라 시장이 위축되고 위기가 왔을 때 작은 변화를 읽고 투자를 시작한 거죠. 위기가 기회라는 말을 흔히 하는데, 더 상세하게 '위기가 오면 변화를 읽자'로 바꿔야 합니다.

• **박시동**   우리가 드라마〈재벌집 막내아들〉을 통해서 보지 않았

습니까? 흐름을 아는 막내아들이 부자가 됐죠.

- **안진걸** 그 드라마를 진심으로 받아들이는 사람이 있다니….

- **이광수** 드라마가 판타지이긴 해도 그렇게 비교할 수 있죠. 누군가는 예측하니까요. 아무튼, 두 번째는 위기를 기회로 만들 수 있는 능력입니다.

- **박시동** 너무 좋은 말씀입니다. '위기'를 뒤집어 생각하면 '기회'입니다. 동전에 양면이 있는 것처럼 어떤 현상이든 좋은 점과 나쁜 점이 동시에 존재합니다. 위기라고 할 때 그 속에 숨은 기회를 보라는 말씀에 전적으로 동감합니다.

    IMF 때 국가 전체가 위기였지요. 환율이 뛰고, 이자가 15%가 넘고 모두가 힘들었지만, 그때 현금을 가진 분들은 엄청난 이자 마진을 얻을 수 있었어요. 저가로 나온 부동산을 싹쓸이하면서 불과 1~2년 만에 3~4배 차익을 보신 분도 계시죠. 그 어떤 위기도 기회의 가능성을 내포하고 있다는 말씀에 공감합니다.

- **이광수** 맞아요. 위기는 위험과 기회의 합성어잖아요. 그런데 실패한 사람들은 위기가 왔을 때 위험만 생각해요. 반면 돈을 번 사람, 부자는 이걸 기회로 삼죠. 여기에서 중요한 점이 있습니다. 이 두 가지를 움켜잡는 데에 돈이 하나도 안 든다는 거예요. 즉

위기 = 위험 + 기회

누구나 이 두 가지만 해내면 부자가 될 수 있다는 확신이 있습니다.

• **박시동** 너무나 과도한 기부 때문에 한국 기준으로 부자가 되길 자발적으로 포기한 우리 위대한 서민 중산층 안진걸 소장은 혹시 부자 되는 법에 대해서 생각해보거나, 아니면 옆에서 본 부자들 이야기가 많지 않나요?

• **안진걸** 그럼요. 제가 부자들 정말 많이 봤지요. 제가 세상에 나쁜 놈들을 정말 많이 알잖아요? 나쁜 놈 중에 부자가 많아요. 저는 그분들이 나쁜 짓을 해서 돈 버는 걸 봤는데, 여기서 나쁜 짓 하라고 할 수는 없으니 패스하고요. 제가 본 나쁜 부자 중에 정말 어마어마한 사람들이 많아요. 그런데 그들을 보면서 느낀 건 몇십조를 쌓아봐야 아무 의미가 없을 수도 있다는 거였어요. 그렇다고 '부자가 되는 건 의미 없다!' 이런 말을 하는 건 아닙니다. 돈이 많으면 좋죠. 가격 안 보고 비싼 음식도 한번 질러보고, 매직 패스로 놀이공원도 가보면 좋죠. "오늘 아빠가 매직 패스 쏜다! 너희 줄 서지 마!" 이런 허세도 좀 부려봐야 하지 않겠습니까?

• **이광수** 임영웅 콘서트 VIP석!

• 박시동　어머니! 임영웅 콘서트 맨 앞줄입니다!

• 안진걸　그런데 의외로 사람들이 부자 되는 법에서 빼먹는 것 중 하나가 바로 성실하게 일해서 돈 버는 방법이에요. 사실 이게 확률상 제일 높을 텐데 말입니다.

• 박시동　중요한 포인트입니다.

• 안진걸　알바를 한 적이 있는데요. 크리스마스 시즌에 일이 많으니까 우체국에서 2주간 밤에만 하는 특별 알바를 뽑아요. 고달프긴 하죠. 그런데 고생해서 번 돈이니까 의외로 안 쓰게 되더라고요. 술값으로 쓰기 싫어서 비밀 통에 넣어놨죠. 사실 많은 부자들이 처음에는 이렇게 돈을 모읍니다.

• 박시동　성실한 노동과 절약에서 출발하는 거네요.

• 이광수　저도 여기에 한 표입니다. 노동이 중요합니다. 제가 하는 말 들으세요. 저 애널리스트 출신이에요.

• 박시동　제가 조사한 통계가 있어요. 50억 정도를 보유한 부자들에게 물어봤습니다. 어떻게 종잣돈을 모았고 어떤 재산이 가장 크게 기여했는가? 이분들이 볼 때 1등은 주식입니다. 두 번

째가 예적금, 세 번째가 아파트인데 비거주용입니다. 투자했다는 거죠.

100억대 미만 부자들의 경우에는 1등이 비거주형 아파트입니다. 2등이 예적금, 3등이 비거주용 아파트인데 재건축용입니다. 주식은 포함되지 않았습니다. 즉 부동산 두 방으로 100억까지 왔다는 거예요.

100억 이상의 진짜 큰 부자들에게는 1등이 비거주형 아파트, 2등이 토지와 임야, 3등이 재건축 아파트, 4등이 예적금, 5등이 주식입니다.

종합해봤을 때 한국 사회에서 부자 되는 법을 굳이 추론해본다면 3억 정도까지 주식으로 알토란같이 모으고, 이 주식을 털어서 바로 아파트를 사서 뻥튀기를 한 후에 더 큰 아파트를 사고, 재건축으로 한 번 더 튀기고, 그다음에 강남 아파트로 몇십억 대로 버는 거죠.

• **안진걸** 또는 두 채를 더 사고요.

• **박시동** 부동산 정보로 토지도 슬쩍 사고요. 한국 사회에서 흔하게 볼 수 있는 루트라고 할 수 있죠.

예적금을 우습게 보지 맙시다

• 이광수   제가 부동산 전문가잖아요. 그런데 안 소장 말대로 사실 노동이나 절약을 통해서 예적금을 하는 게 굉장히 중요합니다. 여기에서 꼭 알아야 할 것은, 예적금으로 얼마를 모아야 하느냐예요.

• 박시동   이 포인트 좋습니다.

• 이광수   절대 기준은 없어요. 예를 들어서 '1억이나 2억, 3억까지만 예적금으로 열심히 모아야지' 이런 게 없다는 거예요. 예적금으로 모은 돈이 1천만 원 정도 있는데, 갑자기 기회가 오면 주식을 하면 돼요. 절대 기준에서 탈피해서 유연하게 생각하는 게 부자가 되는 데에 중요해요. 비슷한 경험이 있어요. 금융권에서 일하는 분들 연봉이 높은 편이잖아요. 월급만 보고 투자를 잘 안 하기 때문에 아이러니하게도 부자가 되는 사람이 별로 없어요.

• 박시동   고연봉자이지만 진짜 부자는 잘 없어요.

• 이광수   돈을 많이 벌든 적게 벌든 틀을 깨는 게 필요해요.

- **안진걸** 한국 사회가 노후도 불안하고 그동안 경제적 고통도 많이 받기 때문에 자기 집을 한 채 사고, 여기에 시세 차익을 노리거나 임대료를 받기 위해 한 채 더 보유하는 경우가 있잖아요. 보유세가 잘 설계되고, 이것만 잘 내면 부당하다고 보지 않을 겁니다. 제가 부당하다 여기는 건 상속이나 증여를 통한 부동산 대물림이에요.

- **박시동** 부자가 되는 데 상속이나 증여의 기여도가 어느 정도인지를 보면 15% 정도라고 나오네요.

- **안진걸** 그 기여도보다는 상위 1%, 0.5%, 0.1%로 갈수록 대물림이나 투기성 투자로 돈을 불렸다는 추정은 가능한 것 같아요. 이건 사실 상위 10%, 20% 사람들로서는 공정하지 않다고 생각할 일이기도 하죠.

- **박시동** 본인들만이 알고 있는 특권으로 얻은 부동산 투자 정보가 있었을 테고요.

- **안진걸** 사람들이 돈 버는 것을 힘들어하지 않는 사회가 되면 좋겠어요. 누구나 성실히 노력하면 부자가 될 수 있고, 부자가 된 친구들에게 박수 쳐주는 사회가 되면 좋잖아요. 그런 점에서 부의 대물림이나 부당한 특권의 문제점을 이야기하지 않을 수 없

습니다.

- **박시동** 안 할 수 없는 이야기죠. 일단 이건 분명히 짚고! 그다음 이야기를 해야 합니다. 저도 절대 공감합니다. 아까 이광수 소장 이야기에서 더 이어가자면요. 우리가 성실하게 예적금을 모았다면 어디까지 모은 후에 투자로 넘어갈 것인지, 그 포인트가 사람마다 다르다고 말했는데요. 다음 기회로 넘어가는 순간을 잘 포착하는 게 중요하다고요.

　제가 예를 든 통계에서의 부자들에게 이것도 물어봤더니, 대충 3~5억을 종잣돈으로 생각했다고 해요. 3~5억을 모을 때까지는 투자보다는 일단 모으는 데에 힘을 썼다는 거죠. 여기에서 최상위 부자들까지 합쳐서 다시 물어봤더니, 평균 8.2억이라고 해요. 요즘은 8억 정도는 들고 있어야 종잣돈으로 아파트 하나 매매해서 굴릴 수 있다는 건데, 이건 보통 사람에게는 너무 무리이지 않을까요.

- **이광수** 부동산은 규모가 크니까요.

- **박시동** 하지만 서민에게 종잣돈 8억은, 그건 종잣돈이 아니다!

- **안진결** 아이고, 전세금이 야금야금 높아져서 힘들게 이사 다니는 이들에게 현금 3억도 힘든데 8억까지는…. 일단 패스. 다

만 적은 금액이라도 주식 투자를 잘해서 돈을 버는 분들은 옆에서 보기 좋더라고요. 그리고 돈 버는 분들은 부지런하기도 합니다. 이광수 소장이 말한 것처럼 정보, 트렌드, 흐름을 공부하고 치열하게 분석하고 발품 팔고, 고민하고, 열심히 살아요. 열심히 일해서 월급도 꼬박꼬박 받고요. 경매도 열심히 정보를 찾더라고요. 경마가 아니라 경매요. 이거 작대기 하나 차이지만, 매우 다릅니다.

• **이광수** 맞아요.

• **안진걸** 저는 돈을 버는 건 뭐라 안 하겠어요. 노력한 분들이니까요. 다만 좋은 데에도 돈을 많이 쓰셨으면 좋겠다는 겁니다. 사실 부라는 것은 경제학이나 사회학으로 따져보면 그 사회의 조건에서 창출이 되잖아요. 본인이 목표를 잘 세워서 부자가 되기도 하지만 당대의 사회 법과 제도, 경제 정책이 맞물리면서 부자가 되는 경우가 많아요. 그게 이광수 소장이 말한 '운'이죠. 그러니까 사회와 자기 자신을 상호 책임관계로 잘 인식하면 좋겠어요.

• **이광수** 그런 좋은 일에 쓰는 행복은 정말 크죠. 그러니 돈도 벌고, 좋은 일에도 쓰는 선순환 구조를 만들어보세요. 부자가 되는 목표를 정하고 조금씩 성취해가고요. 기부도 적은 금액이지

만 조금씩 높여보고요.

• **안진걸**   돈을 버는 것도 재밌네, 쏠쏠하네. 돈을 좋은 데 쓰는 것도 재밌네, 쏠쏠하네 하면서요.

• **이광수**   그런 기분을 느끼잖아요? 자연스럽게 목표가 생겨요. 부동산도 마찬가지예요. 예를 들어서 전세 끼고 조그마한 집을 한번 사봤는데 의외로 집값이 오르네, 팔았더니 돈이 생겼네, 이러면서 조금씩 출발하는 거죠. 한 번이라도 성공해보는 체험이 진짜 중요하다고 생각해요. 부동산 투기를 하라는 게 아니라, 부동산 투기 잘못해서 부채에 발목 잡히지 말고, 적절할 때 사고 적절할 때 잘 파는 경험을 하라는 겁니다.

──────   사람이 돈이다

• **박시동**   개인적인 경험을 통해서 얻은 부자론이 하나 있어요. 의사나 변호사를 제외하고, 진짜 큰 부자는 자기가 만드는 게 아니라 사람이 만들어 주더라고요. 저는 그 인생의 비밀을 터득했어요. 예를 들면 이런 거죠. 제가 아는 분의 실화인데, 거의 배운 게 없는 분이에요. 짐 지게꾼처럼 힘든 일을 하다가 한약방 같은 곳에 내근직 자리가 딱 하나 난 거예요. 그러면 약재를

정리해야 할 거 아닙니까. 이분이 한자를 모르는데도 할 수 있다고 손을 들고 며칠 만에 그림으로 한자를 외웠어요. 드라마틱한 게 뭔지 아세요? 그 집이 어마어마한 부자 한약 도매상인데 아들이 도박꾼이었어요. 창업주가 아들한테 물려줘봐야 거덜나겠구나 생각하고, 초인적인 성실함을 보였던 그분한테 "네가 내 가게를 사라"라고 한 거예요. "돈이 없는데요?" 하니까 "이거 수익이 얼마나 많은지 알지? 10년 후에 벌어서 갚아라" 하고 넘겼어요. 창업주가 길을 열어주니까 부자가 됐고요. 이 사례를 봐도 당연히 노력이 필요하지만 결국 사람이 다른 사람을 키워준다는 교훈을 얻을 수 있죠.

• **안진걸** 의외로 그런 경우가 매우 많습니다.

• **박시동** 부자 되는 길은 사람에게 있다. 저는 그런 철학을 갖고 있어요.

• **이광수** 중요한 말이죠. 점이나 사주를 보러 가서 "어떻게 부자가 되나요"라고 물어보면 똑같은 대답을 해줘요. "돈 있는 곳에 가야 한다." 돈과 사람은 같이 다녀요. 그래서 사람이 중요한 거예요. 그리고 돈이 다니는 곳에 있어야 돈을 벌 거 아니에요. 아까 처음에 말씀드린 것과 비슷해요. 돈이 어디로 흘러갈까 이런 것들요.

• **안진걸**   그런 점에서 복지도 중요하죠. 복지가 뭐냐? 사람에게 정부나 지자체가 투자하는 거잖아요. 실패해도 복지 자원을 재기해 부자가 되는 이들이 나와야 그 사회가 건강해집니다. 선순환이 일어나죠.

• **이광수**   안 소장 이야기와 제 이야기가 연결되어 있다고 봅니다. 부자라고 말하면 너무 느낌이 머니까 중산층이라고 할게요. 중산층이 많은 나라가 부강한 나라죠. 그리고 그런 나라일수록 복지가 강하고요. 상향 평준화를 이끌죠.

• **안진걸**   제 말이 그 말이에요! 역시! 그리고 돈 있는 곳으로 가라고 하셨는데, 여기에 덧붙여서 덕을 쌓아야 한다는 것도 말씀드리고 싶습니다. 똑같은 직장에 다니고 똑같이 소상공인을 해도 덕을 쌓은 사람에게 정보가 옵니다. 거짓말 같죠? 아니에요. 정보는 결국 사람이 물어다 주는 건데, 덕이 많은 이에게 사람들이 정보를 주죠. 옛말에 "덕불고 필유린"이라 했는데 '덕불고 필유전'이라고도 할 수 있습니다. 덕은 외롭지 않고 반드시 이웃이 있다고 했는데, 덕은 외롭지 않고 반드시 돈으로도 이어지는 측면이 분명 있습니다.

결국, 이 모든 것이 행복의 문제

• **박시동** 자, 좋은 인생을 살면서 부자도 되는 양쪽의 길을 두 분이 알려주고 있습니다. 저는 부자와 관련된 이야기 중에서 '만족도'를 한번 짚어보고 싶어요. 록펠러 회장한테 이렇게 물어봤대요. "어느 정도 돈이면 충분합니까?" 그랬더니 "Just a little bit more. 조금만 더 있으면 돼요"라고 대답했다더군요. 와! 그러니까 부에 대한 욕심은 끝이 없는 거예요.

　부의 한계, 또는 부가 느껴지는 행복과 진짜 행복의 한계선이 어디까지인지는 판단하기가 굉장히 어려운 것 같아요. 엄청난 부자인데 매일 싸구려 국밥만 찾아 먹고, 허름한 옷을 입고 다니다가 돈 한번 크게 써보지 못하고 세상 떠나는 분들도 많아요. 제가 말씀드리는 건 부로 인해 느끼는 행복과 진짜 행복의 한계, 이걸 잘 조정하는 게 중요하다는 거예요.

• **안진걸** 장부에 돈이 이만큼 쌓여 있고 건물도 있는데 해외여행은커녕 비싼 메뉴도 못 시키고, 매직 패스도 못 써먹는 분들 많이 봤어요.

• **박시동** 돈과 행복에 대한 이야기를 안 할 수 없다고 봐요. 내가 이 돈으로 사랑하는 가족과 얼마만큼의 추억을 쌓았나, 이런 게 중요한 것 같아요.

• **안진걸** 이건희 회장이 말년에 쓰러지고, 오너 일가의 불법 비리로 결국 이재용 회장이 구속도 되면서 엄청나게 지탄받았잖아요. 5년 넘게 병상에 누워 있다가 생을 마감했죠.

• **박시동** 요즘 평균 수명으로 보면 꽤 이른 나이였죠.

• **안진걸** 아는 스님께 들었는데요. 많은 부자들이 스님한테 이렇게 물어본답니다. "지금 재산이 70억인데 공허합니다. 지금껏 이 돈을 이렇게 이렇게 벌었는데요. 이게 제 돈인가요? 뭔지도 모르겠습니다." 스님이 웃으면서 이렇게 답한답니다. "지금 당신이 가지고 있는 돈은 당신 것이 아니다. 하늘에 갈 때 한 푼도 못 가지고 가는데 그게 무슨 당신 돈이냐? 그러나 당신이 그동안 쓴 게 당신 거다. 가족, 친구, 세상, 사회에 쓴 건 다 당신 거다. 전부 당신 몫이다. 다 당신 덕이다. 다 당신의 행복이고, 보람이고, 명예다."

저도 평소에 비슷하게 생각했지만 좀 다른 느낌이 있었어요. 저야 돈이 많지 않으니 돈 문제에 초월할 것도 없지만요. 잘 벌고 잘 쓰는 것은 분명 행복이라는 생각이 들어요. 적어도 우리의 노년이 비참한 건 절대 용납하면 안 될 것 같아요. 말년에 돈, 질병, 외로움 등으로 시달리지는 않아야지요. 영국에서 국민의 외로움을 다루는 정부 부처가 생겼어요. 그렇다고 영국이 좋은 사회인지는 모르겠지만요. 저는 법과 제도, 정책을 바꾸기 위해 노력하지만, 언제 좋은 사회가 올지 모르기 때문에 개인이 자기를 위한 돈을 모아야 한다고 생각해요. 그렇게 스스로가 행복할 때 세상을 바꿀 힘도 생깁니다.

• **이광수** 돈과 행복의 관계는 한계 효용, 즉 행복 체감의 법칙이더라고요. 돈을 계속 벌고 쓰면서는 효용, 그러니까 행복이 증가하죠. 하지만 어느 순간을 넘으면 감소하기 시작해요. 개인마다 다를 수 있겠지만 한계 행복 체감이 총효용을 늘릴 수 있는 데까지만 돈이 필요한 거죠. 사실 돈을 아무리 벌어도 행복하고 관계가 없다는 거예요.

• **박시동** 이걸 많은 분들이 깨달아야 하는데 말이죠.

• **이광수** 예를 들어서 짜장면 먹다가 돈이 조금 생겨서 탕수육을 먹으면 행복이 두 배 증가하잖아요. 여기서 돈이 더 생겨서 탕수육에 팔보채를 하나 더 시킨다고 하더라도, 앞의 경우에 비해 행복이 그만큼 증가하지는 않는다는 거죠. 이 과정을 이해할 필요가 있어요. 이걸 이해하고 있어야 돈을 벌더라도 행복하게 벌 수 있어요. 안 그러면 돈을 버는 데도 계속 불행하죠.

6

잃지 마, 속지 마,
내일을 봐

청년이라는 모두의 블루칩

이제 '단군 이래'라는 말도 지겹다

• **박시동** 우리 경제에서 현재 가장 약한 고리, 가장 힘든 계층을 굳이 뽑는다면 청년 세대가 아닐까 합니다. 청년 세대의 삶은 왜 이렇게 힘들까, 어느 정도로 힘들어하고 있는가를 한번 짚어보겠습니다. 그리고 일타강사처럼 '어떻게 해야 돈을 잘 벌 수 있을까'에 대한 솔루션까지 제시해보도록 하죠.

그야말로 지금 청년들이 단군 이래 가장 힘든 세대라고 하잖아요. 부모보다 가난한 게 확실시되는 세대, 취업도 안 되고요. 현장에서 이런 상황을 많이 보실 텐데, 어떤가요?

• **안진걸** 하루에 4.3명의 청년이 극단적인 선택을 하고 있다고 합니다. 그것도 20대가 말이죠. 5년간 49.5% 증가했다고 합니다. 증가율이 다른 세대보다 더 높습니다. 청년 중에서도 어떤 조건의 사람이 극단적인 선택을 했는지를 추정해보면, 20% 정도가 경제적 고통이라는 조사 결과가 나와요. 통계를 보고 너무

가슴이 아팠어요. 이건 사실 국가적 과제죠.

그런데 현 정부의 민생 대책이 전무하다고 할 수 있습니다. 그나마 유일한 것이 50만 원을 빌려주는 거예요. '긴급생계비 대출'입니다. 정부가 50만 원이 없는 긴급한 분에게 돈을 빌려주면서, 이자를 무려 16%나 떼고 있어요. 정말 무자비한 고리대금인데 여기에 수십만 명이 몰려들었어요.

진짜 50만 원, 60만 원이 없어서 '아, 일단은 살아야겠다'라는 마음인 거죠. 이게 연체율이 2023년 기준으로 8%나 돼요. 1차로는 50만 원을 빌려준다고 하지만, 질병 같은 다른 사유가 있으면 추가도 가능합니다. 50만 원에 대한 연 이자 16%를 계산하면 한 달에 6,600원쯤 나옵니다. 대출을 받은 6만 2,000명 중에서 1만 명 정도가 20대인데, 그중 25%가 현재 이 이자를 못 내고 있어요.

• **박시동** 전 세계 이자 미납률보다 두 배가 높네요. 이자 6,600원조차 못 내는 청년이 이렇게 많습니다. 경제적 고통이 극단적 선택까지 증가시키고 있다, 한국 사회에서 청년들이 살기가 이렇게 힘들다는 거네요.

• **안진걸** 극단적 저출생과 극단적 자살은 연관이 있다고 봐야죠.

• **박시동** '세대별 체감 경제고통지수'라는 게 있습니다. 다른 층

에서는 10%, 14%수준인데, 20대 청년층은 27%예요. 다른 세대보다 경제 고통 지수가 2~3배입니다. 그만큼 20대가 경제적으로 고통을 심각하게 느낀다는 거죠. 주식시장이나 부동산 관련해서도 청년 세대의 고민이 많지 않나요?

• **이광수** 20대가 이렇게 경제적으로 어려움을 겪는다는 건 사회적인 투자가 되지 않는다는 방증입니다. 청년들은 미래의 소비자이고 굉장히 중요한 계층이죠. 이들이 겪는 고통이 너무 크다면, 사회적으로 이들에게 투자해야 합니다. 그런데 그런 투자가 전혀 없다는 거죠. 때문에 한국경제 성장률도 둔화되는 겁니다.

사실 20대에게 투자하면 생산성이 굉장히 높거든요. 생애 주기를 보면 가장 활발하게 일할 때죠. 청년층이 더 역동적으로 움직여야 사회 전체가 훨씬 더 잘 돌아갈 텐데요. 그런 역동성을 만들어내는 데 투자해야 합니다.

• **박시동** 계속해서 지원이라고 말하지 않고 투자라고 하네요.

• **이광수** 그럼요. 투자죠. 투자의 차원에서 안타까운 게 많습니다. 제게 부동산 관련 상담 메일을 보내는 분이 많은데요. 그중에 가슴 아픈 사연이 있었어요. "지방에서 공장에 다니는데 한 달 월급이 최저임금 수준입니다. 저도 집을 살 수 있을까요?" 이렇게 질문하는 거예요. 저는 무조건 살 수 있다고 답을 해드려요.

•**박시동** 아니, 왜 희망 고문을.

•**이광수** 아니에요. 사실입니다. 왜냐하면 앞으로 살날이 훨씬 많기 때문에, 누구보다 자산을 많이 갖고 있다고 생각하는 거죠. 충분히 살 수 있고, 언젠가 투자할 수 있다. 그러니 지금부터라도 준비하고 공부했으면 좋겠다, 포기하지 말라고 말씀드려요.

그런데 우선 절대 빈곤에 놓인 분들에게 꼭 조언하고 싶은 건 '돈을 조금이라도 잃지 않으려고 노력해라'입니다. 그게 중요해요. 특히 코로나팬데믹을 거치면서 가장 문제가 되는 게 비트코인, 주식 등에 젊은 세대가 영끌이나 빚투까지 하면서 엄청나게 투자한 것이잖아요. 여기에서 나쁜 경험, 즉 잃는 경험을 하고 나니까 더 어려운 거예요.

매달 몇십만 원씩 모아서 목돈을 마련해 코인을 샀는데 그게 폭락하거나, 주식을 샀는데 폭락한 사람들이 많죠. 이렇게 되면 벼랑 끝에 서 있는 거죠. 벼랑 끝에 섰으니 극단적인 선택도 하게 되고요. 그래서 '잃지 않으려고 노력해라' 이걸 첫 번째로 말씀드리고 싶습니다.

_____ **일단 절대 잃지 마라!**

•**박시동** 너무나 중요한 말씀입니다. 저도 청년들을 만나면 이 얘

기를 제일 먼저 해줘요. 잃지 마라! 만약 투자를 해서 10%를 잃었어요. 그러면 100원이 90원이 되죠. 90원에서 다시 10% 수익을 내도 원금이 안 됩니다. 99원이에요. 한번 잃으면 원금 수준까지 올라오기가 힘들어요. 투자에서 더하기 빼기의 기본이죠. 잠깐 잃고 왕창 벌면 된다고 하지만, 1차적으로 잃는 것을 우습게 여기면 수익을 얻기가 힘들어요. 우리가 100원을 은행에다 넣으면 보통 3% 이자를 받고, 주식을 사도 6~7% 수익을 얻는 경우가 많죠. 3~4% 수익도 엄청난 거예요.

- **이광수** 잃는 것을 이야기하니, 전세 사기 문제가 생각이 나는데요. 사실 전세를 놓는 분들은 투자나 투기가 목적인 경우가 많아요.

- **안진걸** 물론 매달 가처분소득을 얻기 위한 생계형 임대인도 있지만, 갭투자를 포함한 투자나 투기 목적인 분들이 많죠.

- **이광수** 이걸 미연에 방지해야 하는데, 우리나라 법률 체계를 보면 임차인을 보호하는 게 굉장히 약해요. 그래서 법에 맡겨놓으면 안 되고 집주인을 잘 파악해서 계약하셔야 돼요. 예를 들어서 새집은 절대 높은 전세가로 들어가면 안 됩니다.

- **박시동** 요거! 너무 중요한 팁입니다.

• **이광수**　새로운 오피스텔, 새로운 빌라. 새로 지었을 때 처음에 들어가면 안 됩니다. 과거부터 꾸준하게 거래된 곳에 가세요. 집주인도 마찬가지예요. 꾸준히 한 사람과 계약하셔야 해요.

• **안진걸**　시장에서 검증된 사람과 계약해야 한다는 거죠? 단기성 투기자금이나 사기가 아니라.

• **이광수**　그렇습니다. 등기부등본을 떼서 확인해봤더니, 집주인이 집값이 높을 때 사놓고 이번에 처음으로 전세 계약을 하는 경우가 있어요. 이런 건 리스크가 높아요. 반대로 임대인이 10년 동안 집을 갖고 있었다, 이런 경우는 10년 동안 전월세가 두세 바퀴를 돌았겠죠. 검증된 집인 거예요. 이런 집에 들어가라는 이야기죠.

• **박시동**　전세 사기를 애초에 안 당하게 해주면 되잖습니까. 예를 들어 주거 문제 해결을 위해서 대대적인 공공임대주택 등을 만들었다면, 청년들이 주거비 때문에 빚을 내면서까지 고생하지 않을 거고, 사기를 당하지도 않을 거잖아요. 그들이 안정적이면 소비 수준도 높아지고, 경제도 살고! 그들은 한창 쓰고 한창 벌 때니까요!

• **이광수**　제 말이요. 윗세대 중에 20~30대 청년에게 투자하는 걸

잃지 마라!

세대 간 경쟁으로 보는 경우가 있는데, 안타깝습니다. 20~30대 투자 공약이 등장하면 바로 반응이 오죠. "그럼 40대는? 50대는?" "우리 세금을 가지고 이런 식으로 하면 안 되지!"

• **박시동** 청년 1인당 평균 부채가 8,455만 원이에요. 생각보다 엄청 많죠. 2012년 3,400만 원과 비교했을 때 10년 새에 2.5배가 늘었습니다. 학자금대출에다가 영끌까지 더해져서 많은 부채를 안고 사는 청년들이 늘고 있는데, 비정규직을 전전하는 경우도 많죠. 고용시장도 좋지 않은 상황이고요. 그렇다면 청년들은 어떻게 좀 더 윤택한 삶을 꿈꿔야 할까요? 어디에서부터 어떻게 시작하는 게 좋을지 조언을 좀 부탁드립니다.

• **이광수** 개인별로 상황이 다를 겁니다. 죄송한 말이지만, 절대 빈곤의 상황이면 투자는 불가능하다고 봐야죠. 긴급생계비대출 이자도 못 내는 청년에게는 복지가 필요해요. 그래서 좋은 정치가 필요하고요. 개인적으로 투자를 통해 경제적 이익을 만들려면 아르바이트든 직장이든, 어쨌든 일정한 수입이 있다는 전제하에 얘기해야 할 것 같아요.
　여기에서 중요한 것은 돈의 속성입니다. 속도가 중요해요. 투자할 때는 속도가 빨라야 합니다. '스노우볼 이펙트(snowball effect)', 그러니까 눈덩이 효과라 하잖아요. 작은 눈덩이를 크게 만들려면 어떻게 해야 하죠? 빨리 굴려야 해요. 마찬가지로 돈이 없을 때에도 속도가 중요해요. 돈의 양은 중요하지 않아요. 투자는 적은 돈으로도 할 수 있습니다. 적은 돈이라도 빨리빨리 속도를 내서 크게 불릴 수 있어요. 제가 제일 싫어하는 말이 장기 투자예요.

──────── 님들은 장기 투자 생각 않는 것으로

• **안진걸** 청년들한테는 장기 투자가 너무 막연하고 먼 미래잖아요. 지금 당장 힘드니까 빨리 자산 형성을 해야 하는데 말이죠.

• **이광수** 크게 잃지 않으려고 노력하면서 속도를 높일 필요가 있습니다. 적은 자금이지만 복리를 지속적으로 추구하면서 투자 속도를 높이는 거죠. 즉 작은 도로를 달리는 것처럼 투자하면 됩니다. 그러면 잃어도 충격은 덜하고 속도를 빨리 낼 수 있잖아요.

자산시장이나 투자에서는 경험이 중요한데요. 작은 도로에서 속도를 점차 높이면서 계속 공부하고, 자기만의 방식을 터득하는 게 중요해요. 많은 분이 주식 투자를 꼭 하셨으면 좋겠어요. 이유는 간단해요. 저는 투자를 해야 사회에 대한 관심도 올라간다고 보거든요.

• **안진걸** 그렇죠. 기업이나 경제에 대한 관심이 높아지죠. 투자하면 굉장히 열심히 공부하더라고요.

• **이광수** 그러면서 자연스럽게 사회 전체에 대한 관심도 올라가고. 정치에 대한 관심도 높아져요.

• **안진걸** 주가 조작에 분노하고, 공매도 문제 같은 경우에도 비상한 관심을 갖게 됩니다.

• **이광수** 그런 거예요. 그래서 특히 젊은 분들이 투자를 하셨으면 좋겠어요. 젊은 분들이 주식 투자를 많이 하면 꾸준하게 투자가 이루어지고 안정적인 자금이 기업으로 흘러들어 기업 투자를 활성화시킬 수 있습니다.

적은 돈으로 속도를 빨리빨리빨리 해보는 겁니다. 장기 투자를 맨날 주장하는 분들이 있잖아요. 주로 전문가들이 그런 얘기를 하는데, 정작 본인은 앉아서 맨날 거래만 하고 있어요.

• **박시동** 못됐어요. 자기는 단기 투자로 시세차익을 누리면서 우리한테는 장기 투자가 바람직하다는 거네요. 빚투는 어때요? 이해가 되면서도 너무 걱정도 됩니다.

• **이광수** 새집에 전세로 들어가지 마라, 적은 돈으로 빠른 속도

로 투자해라. 이어서 세 번째로 말씀드리고 싶은 건 '빚이 빚이 될 수 있다'예요. 갚을 수 있는 능력이 된다면 빚내는 걸 두려워하지 마세요. 빚이 위험한 건 빚을 내서 비싼 자산을 사기 때문이에요. 예를 들어 빚내서 싼 아파트를 사고 조금이라도 싼 주식을 산다면 뭐가 문제입니까? 그게 바로 레버리지라는 거예요.

빚이 청년 세대에게 중요한 또 한 가지 이유가 있어요. 기본적으로 청년 세대는 일할 시간이 많기 때문에, 이 시간을 감안하면 빚을 상대적으로 낼 수가 있어요. 그렇다면 빚내서 투자할 대상을 잘 찾는 게 중요하지, 빚내는 것 자체는 문제가 아닌 거죠.

• **박시동** 굉장히 중요한 말씀입니다.

• **안진걸** 기업자산에 부채가 포함돼 있어요. 당연히 부채가 무조건 부정적인 효과만 있는 게 아니라는 거죠. 투자자금이 되고 운영자금이 되고, 그걸로 더 많은 분할 이익을 창출할 수 있기 때문이에요. 다만 걱정되는 부분이 있다면, 아까 언급했지만 빚투 때문에 힘들어하는 청년들이 많다는 거죠. 통계에 따르면 20대의 소득이 최근 5년간 10% 정도 올랐다고 해요. 근데 빚은 두 배가 더 뛴 거예요. 빚으로 투자해서 성공하면 좋은데, 그게 쉽지가 않아요.

• **이광수**   쉽지 않죠. 지금은 빚내서 주식이나 부동산을 사기가 쉽지 않은 상황이기도 하고요. 꼭 빚을 내서 투자하라는 말씀을 드리는 건 아니에요. 빚에 대한 두려움을 갖지 말자는 거죠. 어쨌든 경제적 여유를 가지게 되는 단계에서는 빚을 잘 운영하는 게 큰 도움이 됩니다. 그래서 '나는 빚 절대 안 내' '이자가 제일 나빠' 이런 생각은 안 했으면 좋겠어요.

• **박시동**   좀 더 얘기를 발전시켜볼까요. 결국 어떻게 투자하느냐가 관건인데, 우리가 학교 같은 제도 교육을 통해서 금융 교육을 제대로 받지 못하고 있어요. 그러니까 몰라서 못하기도 하고 실수도 많이 하는 것 같아요. 우리 청년들이 금융 교육을 어디서부터 어떻게 시작해야 할까요?

• **이광수**   이 지점에서 최근 경향에 대해 조금 회의적인 게 있어요. 특히 우리나라 상황을 보면요. 예를 들어서 주식 붐이 일어났잖아요. 유튜브나 책으로 정보가 엄청 쏟아졌어요. 그런데 제가 생각할 때 투자에서는 정보의 양이 중요한 게 아니에요.

• **박시동**   좋은 말씀입니다.

• **이광수**   정보의 양보다는 어떤 정보가 중요한지를 알아내는 게 핵심이에요. 그런데 우리는 정보의 양에 매달리고 있어요. 주

식 투자를 하는데 미국 연준위원회 이름까지 외울 필요가 있습니까? 그런데 지금 이러고 있어요.

왜? 정보 제공자들이 정보의 양을 늘리려고 하니까 그런 거죠. 구독자 수가 많아지고 매일매일 방송해야 하니까, 중요한 거는 안 하고 양만 늘리려는 거죠. 그래서 많은 분들이 혼란스럽죠.

저는 택시 기사님들을 자영업자니까 사장님이라고 부르거든요. '사장님, 사장님~' 하고 불러요. 한번은 택시를 탔는데 사장님이 미국 연준금리, 인플레이션, 임금이 지금 어떻고 과거 1970년대에는 폴 볼커가 어땠다 등등을 얘기하는 거예요. 아니, 그래도 제가 애널리스트를 15년 동안 하고 건설 회사도 오래 다니고요. 밥 먹고 맨날 주식만 했잖아요. 깜짝 놀랄 수준이었어요. 대단하더라고요.

• **박시동** 우리나라에 경제 고수들이 넘쳐납니다.

• **이광수** 제가 애널리스트인데 저보다 더 많이 아신다고 그랬더니, "공부 진짜 열심히 한다"고 하더라고요. 그래서 수익률이 어떤지 여쭤봤는데 안 좋더라고요. 결국 중요한 걸 놓치고 있단 말이에요. 과감하게 말씀드렸죠. 투자 정보의 양을 늘리려고 유튜브도 틀어놓고 하는데, 너무 열심히 공부하지 마라. 그게 중요한 게 아니다. 진짜 중요한 게 뭔지를 찾아야 해요. 그런 점

에서 활자화된 정보를 많이 봐야 한다고 생각해요.

• **박시동** 영상 정보보다 활자 정보가 더 중요하다.

• **이광수** 당연히 정보가 중요하잖아요. 그런데 정보를 어떻게 받아들이느냐를 잘 봐야 해요. 인간의 본능은 사냥인데, 사냥을 하기 위해서는 눈으로 들어오는 정보를 빠르게 판단해야 해요. 그래서 인간의 뇌는 시각을 통해 이미지를 받아들이고 해석하는 데에 유리한 구조로 되어 있어요. 반면 오래 생각하고, 천천히 습득하는 것에 대해서는 반발이 생겨요. 대표적으로 읽는 행위가 그렇죠. 읽는 게 피곤하고 힘들어요. 하지만 읽어야 오래 남고, 중요한 걸 찾을 수 있어요. 뇌를 피곤하고 힘들게 해야 하는 거예요. 유튜브만 많이 보지 마시고요. 물론, 저희가 나오는 방송은 많이 보셔야 합니다.

• **안진걸** 괜찮은 투자 방송이나 유튜브 채널도 있지만, 너무 많이 생겨서 주의나 경계도 필요한 것 같고요. 그중 일부는 주식이나 코인, 부동산 투자 사기꾼도 있으니 잘 경계해야 합니다.

자기만의 방법을 찾으려 노력하라

• **이광수** 중요한 게 뭔지 아는 건, 누가 알려주는 정보를 그저 듣는 게 아니에요. 수많은 정보 중에서 중요한 걸 골라내고, 잃지 않고. 그에 기반해 투자하려면 많이 읽고 혼자 생각도 해봐야 합니다. 혼자만의 방법이 중요해요. 왜일까요? 돈 벌었다고 하는 사람들이 나와서 '나는 이렇게 했다'는 말을 해요. 그런데 그 이야기가 잘 안 통해요. 왜? 우리는 그 사람이 아니니까. 그 사람들처럼 하지 못하는 거예요. 남의 방법은 안 통하는 거죠. 각자에게 각자의 방법이 필요합니다. 내 생각이 필요하고요. 그러려면 습득한 정보 안에서 스스로 고민하는 과정을 반드시 거쳐야 합니다.

돈을 많이 벌었다는 사람이 유튜브에서 "나처럼 하면 돈 벌어요"라고 아무리 해도 우리는 안 돼요. 그러면 다 부자가 됐게요? 백만 명씩 보잖아요.

• **박시동** 좋은 말씀 많이 해주셨어요. 이상한 정보의 양에 집착하지 말고 코어 정보가 되는 것들을 읽어가면서 열심히 배워서 자기 노하우를 빨리 만드는 게 중요하다.

• **안진걸** 그 말도 인상적이네요. 주식 투자할 때 사회와 경제와 투자자 간의 관계가 맺어진다. 인연이 맺어진다.

• **이광수** 저는 우리나라에 주식 투자하는 사람이 많을수록 사회가 좋게 변할 수 있다고 생각해요.

• **안진걸** 그 말이 맞다는 건 제가 증명할 수 있어요. 시민단체에서 소액주주 운동을 할 때 살펴보면, 주식 투자하는 분들이 사회 문제에 관심을 많이 가지더라고요. 왜냐하면 재벌 오너들의 전횡이나 불법으로 오너 리스크가 발생해서 주가가 떨어지면 소액주주들이 손해를 보잖아요. 그러면서 시민단체를 찾아오시는 분들이 꽤 많았어요.
처음에 저는 주식 투자하는 사람들이 그냥 자본주의적인 사람들, 이기적이고 냉혈한인줄 알았거든요. 그게 아니에요. 그때 깨달은 게 있어요. 좋은 사회는 사익과 공익이 조화를 이루고 사이좋게 추구될 수 있는 사회다.

• **이광수** 예를 들어서 이런 거죠. 지금 대한민국의 주가지수가 못 오르고 있는데 일본은 엄청 오른단 말이에요. 제가 한국 주식을 갖고 있으면 열이 받잖아요. 우리나라는 왜 이러지? 그 이유를 살펴보니 사회적, 정치적 문제가 있는 거죠.

• **안진걸** 사회적, 정치적 상황은 주가에 상당히 영향을 끼치죠. 특히 날이 갈수록 경제에 정치가 끼치는 영향은 어마어마해질 겁니다. 과거에는 경제와 정치가 별개라고 이해하는 분이 많았

습니다. 특히 우리나라 사람들이 그랬죠. 그런데 외국은 안 그래요.

• **이광수** 맞아요. 외국에서는 주식 많이 하는 분이 정치에 대한 관심도 매우 높습니다. 그러니까 주식 투자로 사회가 더 좋은 방향으로 바뀔 수도 있는 거죠.

• **박시동** 많은 이야기를 나누었습니다. 마지막으로 우리 청년 세대에게 꼭 하고 싶은 이야기로 마무리하겠습니다.

• **이광수** 많이들 "희망을 가져라"라는 말을 쉽게 하죠. 막연하고 듣기 좋은 말일 뿐인 것 같고요. 그럼에도 희망을 가지면 좋겠어요. 그럼에도 불구하고 더 좋은 세상이 올 거다, 세상이 바뀔 거다, 이렇게 생각해야 합니다. 그런 생각을 해야 경제적으로 더 빨리 자립할 수 있고, 내 집 마련도 가능할 겁니다.

　오늘에 너무 지치지 않았으면 좋겠어요. 영화 〈아저씨〉에 "니네는 내일을 살지. 난 오늘만 살아" 이런 대사가 있잖아요. 반대가 돼야죠. 저희는 내일을 살아야 합니다. 내일에 기대를 많이 했으면 좋겠고 희망을 가지면 좋겠어요.

• **안진걸** 이광수 소장은 청년 때도 긍정적이었나요?

• **이광수**   아니요. 도리어 저를 변화시킨 것은 빚이었어요. 돈을 잘못 꿔줘서요. 그때 엄청 절망했어요. 거의 2년 동안 잠을 못 잤지만, 그런 어려움이 저를 변화시킨 동력이 되기도 했거든요. 막연할 수도 있겠지만, 그게 또 희망이 되고 변화의 씨앗이 될 수 있는 가능성을 보고 있습니다.

제가 운영하는 '광수네, 복덕방'의 슬로건이 "투자를 통해 사회적 불평등을 줄이고 빈부 격차를 해소할 수 있습니다"이거든요. 여러분이 조금씩 한 걸음씩 한 걸음씩 같이 갔으면 좋겠다는 바람이 있습니다.

• **안진걸**   저는 빈부 격차를 줄이고 불평등을 완화하고, 서민 중산층도 조금 더 살기 좋은 사회를 만들자는 일을 해왔어요. '투쟁'이죠. 그런데 어떻게 모든 국민이 투쟁하겠습니까? 특히 삶이 버겁고 굉장한 고통과 고충을 겪고 있는 2030에게 '너희들이 힘드니까 투쟁해' 이렇게 말하는 건 굉장히 일방적이라고 생각해요. 물론 함께 행동하면 좋지만, 그런 행동도 자기 삶이 나아질 거라는 희망과 기대가 있을 때 할 수 있다고 생각해요. 그런 점에서 생활형 꿀팁을 알게 되면 실행하세요. 조금이라도 돈을 모으고 있다는 그 기분이 변화를 만들어요.

아침 6시 반 전에 대중교통을 탔더니 진짜 20% 할인이 되더라, 이런 느낌을 가져보세요. 근로장려세제를 신청했더니 큰 도움이 되더라. 이렇게 곳곳에 숨은 작은 제도 하나, 정보 하나를 잘 이용해보세요. 한 달에 몇천 원에서 몇만 원을 가져보는 건 중요합니다. 그런 경험을 통해 세상도 바꿔보고, 모두가 잘사는 나라, 전 국민이 연봉 1억 원을 받을 수 있는 나라로 가는 길을 여는 거죠.

• **박시동** 생활형 경제 고수들이 결국 대한경제를 부흥시키는 거죠!

7

코리아
디스카운트

**개미들이 털릴 수밖에 없는
여섯 가지 이유**

왜 한국 주식은 저평가되는가

• **이광수** 주식에 대해서 어느 정도 알고 있어야 하는 세상이긴 한데요. 정작 알아야 할 것을 잘 모르는 경우가 많다는 생각이 듭니다.

• **박시동** 맞습니다. 그중에서 제일 중요한 건 한국 주식이 저평가되고 소액주주가 푸대접을 받는 상황이라는 점입니다.

• **안진걸** 저는 주식을 잘 모르지만, 대한민국이 선진국인데 비해 주식시장은 문제가 많다고 알고 있습니다. 그 이유가 뭘까요?

• **박시동** 우리나라 주식시장에서는 '개미가 털릴 수밖에 없다'! 그 이유를 여섯 가지로 정리해 드리겠습니다.

• **이광수** 요약의 천재!

• **박시동** 첫 번째 이유를 바로 말씀드리면 재미가 없잖아요? 우리나라 주식시장에 대한 제일 중요한 이야기가 '코리아 디스카운트'인데요. 이 설명을 해야 합니다. 지금 정부가 '기업 밸류업 프로그램'을 한다고 했다가 내용이 맹탕이어서 공분을 샀습니다. 우리나라 기업이 밸류업을 해야 할 정도로 저평가돼 있나? 실제로 맞습니다.

• **안진걸** 객관적 증거가 있나요?

• **박시동** 기업 밸류를 말하는 여러 가지 지표 중에 PBR이라고 있습니다. 분모가 자산이고 분자가 시총인 지표인데요. 선진시장을 보면 이 지표가 3 정도 나오더라고요. 일본은 1.3~5 정도 되는 것 같고 중국이 1.0이거든요. 그런데 우리가 지금 평균이 0.9대입니다. 상위 상장사들만 추리면 0.6대까지 떨어져요.

• **이광수** 이건 주식을 하냐 안 하냐를 떠나 사회적으로 중요하게 다뤘어야 할 문제 아닌가요.

• **박시동** 그러니까 우리가 진짜로 전 세계적으로 저평가돼 있는 건 맞아요. 우선 주식회사에 대한 이해를 바로 해야 합니다. 주

식회사라고 하면 '내가 주주인데 내가 주총에서 선임한 이사들이 회사를 운영하니까 나를 위해 일하겠다'라고 생각합니다. 제가 첫 번째 던지는 문제의식은 이것입니다. "이사는 주주를 위해 일하는 게 아니었다." 이것이 코리아 디스카운트의 첫 번째 문제입니다.

• 안진걸 하지만 상법에는 이사는 회사를 위해 그 직무를 충실하게 수행해야 한다고 되어 있잖아요. 회사를 위해서 일한다는 건, 주주를 위해서 일한다고 말해도 되는 거 아닌가요.

• 박시동 실제로 회사에는 지배주주가 있고 일반 소액주주가 있습니다. 회사의 이익과 지배주주의 이익, 소수주주의 이익이 다 일치되면 좋겠죠?

문제는 지배주주 이익과 소수주주 이익, 일반주주의 이익이 달라질 때입니다. 이사는 회사의 이익을 위해 일한다는 핑계로 지배주주가 시키는 대로 일하고, 소액주주나 일반주주가 원하는 일은 하지 않게 되면서 서로 갈등이 발생하죠.

• 이광수 한국경제학회가 실시한 'K디스카운트 해소를 위한 밸류업' 조사를 한번 살펴보겠습니다. '코리아 디스카운트'의 주요 원인 1위로 '열악한 지배구조 문제(44%)'가 꼽혔습니다. 이어 지배구조 개선 대안을 묻는 질문에 '상법 개정을 통해 이사

의 충실 의무에 주주에 대한 충실 의무까지 반영해야 한다'는 답변(37%)이 가장 많았습니다. 밸류업의 성공 조건으로 상법 개정을 꼽은 것이죠.

• 안진걸   다른 나라의 경우 그런 갈등이 있을 때 어떻게 하나요?

• 박시동   자본주의의 꽃이라는 미국의 경우, 완전한 공정성의 원칙이 있습니다. 대법원에서 확립된 판례입니다. 이사가 일반주주를 위해 일하는 건 당연하고요. 나아가 지배주주도 일반주주에 대해서 일해야 할 의무가 있다는 겁니다.

• 안진걸   그러면 대주주인 회장이 일반주주를 위해 일한다는 거로군요.

• 박시동   그렇습니다. 모든 주주를 위해 일하라는 겁니다.

• 안진걸   말로만 그러지 실제로는 그렇게 안 하는 거 아닙니까?

• 이광수   일본도 비슷합니다. 일본은 2015년에 거버넌스 코드가 도입이 됐어요. 지배주주와 일반주주 사이에서 이해 충돌이 생길 때 이사는 그걸 피해야 합니다.

• **박시동**   네, '피하라'는 건 지배주주 마음대로 하지 않기 위해 최선을 다해서 이해 충돌을 피해라는 건데, 모두에게 이익이 되도록 하는 것입니다.

• **안진걸**   일본도 미국도 그런데, 우리나라는요?

• **박시동**   기업 밸류업이라는 게 바로 이런 부분을 도입하는 일부터 시작하는 건데요. 2024년 연초에 정부에서 갑자기 '기업 밸류업 프로그램'을 도입한다고 했어요. 그게 어디서 나온 거냐면, 일본에서 따온 겁니다. 그런데 정작 우리 정부가 말한 기업 밸류업에는 이런 내용이 없습니다.

• **이광수**   일본은 주주 가치를 높이기 위해 차근차근 빌드업을 해왔습니다. 많은 전문가가 이미 이야기를 해왔는데요. 9년 정도 걸렸습니다.

• **안진걸**   그런데 우리나라는 이제? 갑자기? 그것도 1년 만에 하겠다? 일본은 어떤 내용이 들어가 있나요?

• **박시동**   경영이사회에 경영진과 분리된 독립된 이사회 구성이 필요하다고 되어 있고요. 이사회에는 사외이사를 3분의 1 이상 둬라. 또한 만약 지배주주의 지분이 10% 이상 넘는다면 아예 과

반수 이상을 독립적인 사외이사로 만들어라. 임원의 임금도 무조건 과반수 이상 사외이사가 정하도록 하라. 일본은 이런 내용에 기반한 밸류업 프로그램을 하는데, 우리는 일본의 껍데기만 가져오고 진짜 중요한 내용은 가져오지 않았습니다.

• **안진걸** 지배 대주주를 견제하라는 의미에서 사외이사를 두는 거네요. 그래도 사외이사를 임명하는 게 회장, 즉 지배 대주주인데 작동이 잘되겠습니까?

• **박시동** 핵심은 우리나라는 이사가 주주를 위해 복무한다는 개념이 없다는 거예요. 우리나라 대법원 판결을 보면 이사는 회사를 위해서 일할 뿐, 주주를 위해서 일하지 않아도 된다고 했어요. 법 규정과 판례가 동시에 이렇게 말하고 있는 것이죠. 그러다 보니 한 주 한 주 갖고 있는 소액주주는 신경도 안 쓰는 거예요. 지배주주가 회사를 지배하고 나면, 경영진들이 전부 다 그 사람 말만 들어도 모두가 이의를 제기하지 않고, 법적으로도 모든 책임이 면해지는 구조인 겁니다. 그래서 오죽하면 "거수기 이사회"라는 말이 있는 것이지요.

주주는 회사의 주인이 아니다?

• **안진걸** 아하, 그러니까 우리나라의 자본시장법이나 주식회사 자체가 주주의 가치를 택하는 게 아니고 총수의 가치를 택한다는 거군요. 그러면 법을 바꾸면 되는 거 아닙니까?

• **박시동** 상법 개정안이 이미 발의가 되어 있습니다. 여기에 "회사를 위하여 직무를 충실히 수행해야 된다"가 아니라 "회사 그리고 주주의 비례적 이익을 위해 일한다"는 문구를 넣자고 21대, 22대 국회 연속해서 개정안이 발의되고 있습니다. '회사를 위해'라고 되어 있는 걸 '회사와 주주를 위해' 또는 '회사와 주주의 비례적 이익을 위해'라고 한 단어만 넣으면 되는데, 현재 여당이나 재벌 기업 쪽 반대로 안 되고 있죠.

• **안진걸** 기업이 반대하겠네요. 지배주주들이.

• **박시동** 이 개정안에 대한 법무부의 의견이 있는데요. 요약하면 다음과 같습니다. "취지에는 공감한다. 하지만 넣어봤자 선언적 규정에 그칠 것 같다."

• **안진걸** 하지만 법이라는 게 일단 규정이 되면 많은 변화를 가져오거든요. 사실은 법무부가 핑계를 대고 있는 게 아닌가 합

니다.

- **박시동** 우리나라 소액주주들이 제대로 이익을 보려면 이런 것부터 고쳐야 하죠. 이게 진정한 기업 밸류업입니다. 경영진들이 소수의 오너가 아닌 모든 사람을 위해서 일하는 기업이 되는 거죠. 즉 한국 주식이 왜 이 모양인가, 왜 소액주주가 털리는가, 그 첫 번째 이유는 이사들이 '주주'를 위해서 일하지 않기 때문입니다.

- **안진걸** 그러면 두 번째는 뭔가요?

- **박시동** 소액주주의 권리가 보장되지 않아서 열받을 때, 결국 법으로 승부를 봐야 할 때가 있는데요. 여기에서 증권 관련한 집단소송을 분석해보면 법은 언제나 지배주주의 편이라는 겁니다.

- **안진걸** 소송은 제가 전문인데요.

- **이광수** 집단소송에 대한 설명을 좀 해주셔야 이해가 잘될 것 같습니다.

- **박시동** 집단소송은 유사한 피해를 받은 모든 사람을 함께 구제해줄 정도로 강력한 무기인데요. 증권과 관련해서 잘 작동한다

면 소액주주의 이익이 잘 보호될 텐데, 이게 어렵습니다. 실제로 행사하기가 너무 어렵게 돼 있어요. 우선 소송의 이유가 제한돼 있습니다.

• **이광수** 그렇습니다. 주가 조작, 분식회계, 허위 공시, 이 세 가지 경우에만 집단 소송이 가능합니다. 그러니까 회사의 불법, 비리 등 잘못된 행위의 범위가 넓을 텐데, 이 중 세 가지만 되는 거예요.

• **안진걸** 저도 이건 압니다. 특히 소송 대상을 제한하고 있죠. 또 하나 집단소송을 하려면 유가증권 총수의 1만 분의 1 이상을 보유해야 하고, 50명 이상이 모여야 합니다.

• **박시동** 1만 분의 1을 어떻게 모으겠습니까. 예를 들어 삼성처럼 큰 규모의 기업일수록 잘못된 행위에 대한 피해가 클 텐데, 규모가 큰 기업일수록 소송이 어려워요.

• **이광수** 50명이 모여야 하고, 주식 총수의 1만 분의 1이 넘으려면, 아주 작은 지분을 가진 개인들만 모여서는 소송 요건 달성조차 쉽지 않겠네요.

• **안진걸** 보통 이런 경우에 로펌이 대행해주면 되지 않을까요?

• **박시동** 우리나라는 이걸 또 제한해놨어요. 로펌에서 '저희가 대신 해드릴 테니까 저한테 오십시오'라고 광고를 해야 사람들이 모일 거 아닙니까? 그런데 광고가 금지돼 있습니다. 그리고 소송을 많이 해본 로펌이 노하우가 쌓일 거잖아요? 로펌의 소송 건수를 3년에 3건 이하로 제한했습니다.

• **이광수** 뭔가 여기에서 그치지 않을 것 같은데, 또 있지요?

• **박시동** 맞습니다. 이걸 다 통과했다고 합시다. 남은 문제가 또 있어요. 재판할지 말지에 대한 허가 심사가 따로 있어요. 이게 소송거리가 되는지 안 되는지를 결정하는 심사가 있는데, 3심까지 갈 수 있습니다.

• **안진걸** 우리나라의 모든 소송이 3심제 아닙니까?

• **박시동** 제 말은 원래 3심제인데, 앞에 이미 심사 과정에 3심이 더 있으니 증권 관련한 집단소송만 사실상 6심으로 운영되는 폐해가 있는 거죠.

• **안진걸** 또 뭔가 더 있을 거야. 예감은 틀리지 않아.

• **박시동** 맞습니다. 우리나라는 '즉시 항고'라는 제도를 두고 있

어요. 이게 뭐냐면 "이 소송 이상합니다. 저는 반대합니다"라고 기업이 말하는 거예요. 그러면 어떻게 되는지 아세요? 본안 소송이 멈춥니다. 이런 소송 개시 절차에 대한 즉시 항고는 세계에서 우리나라밖에 없습니다.

- **이광수** 우리나라밖에 없다!

- **박시동** 조사를 해보니 2005년 무렵에 우리나라에 증권 집단소송 제도가 시행됐는데요. 본심까지 왔던 사건이 지금까지 11건밖에 없습니다. 심지어 2005년에 이 제도가 시행됐는데 처음 대법원 판결이 나온 게 2020년이에요.

- **안진걸** 15년 동안 아무도 대법원의 문턱까지 가지도 못했네요.

- **이광수** 그 문턱을 넘은 사건이 용하네요. 대표적으로 어떤 사건이 있습니까?

- **박시동** 가장 유명한 것이 동양그룹 CP 발행 사건입니다. 쉽게 말씀드리면 동양그룹이 부도가 나서 망했는데, 계열 증권사가 안 망할 것처럼 그 회사의 CP 회사채를 창구에서 팔았어요. 내부 정보를 잘 알 거 아닙니까? 여기 부채가 괜찮고, 이 회사채 자금이 들어오면 여유 자금이 늘어나고… 이런 식으로 공시해

서 CP를 팔았는데, 팔자마자 어떻게 됐습니까?

- 이광수 없어졌죠.

- 박시동 동양증권은 대만계 유안타증권으로 바뀌었죠. 이런 과정을 통해 동양그룹이 공중분해가 됐습니다. 그런데 채권을 산 사람들이 있잖아요. 이 사람들이 "허위 공시를 믿고 산거다"라며 소송을 냈는데 1심, 2심 모두 패소했어요. 소송을 제기한 게 2014년인데 1심 선고가 2023년, 2심 선고가 2024년에 나왔습니다.

- 안진걸 그룹 없어진 지가 언젠데, 1심 선고가 9년 만이라고요?

- 이광수 미국의 경우 이런 범죄에 엄청난 중벌을 줍니다. 그래야 다시는 기업들이 그런 행위를 안 하거든요. 예를 들어 수백조짜리 대기업의 경우 "귀찮으니까 1억 물어주고 말어" 할 수 있잖아요. 드라마에서 나오듯이 그들 입장에서 그리 큰 금액도 아니라면요. 그래서 배상액을 정할 때 1억 정도 피해를 봤으면 그보다 훨씬 더 큰 100억, 1천억 판결을 내립니다. 일종의 징벌적 손해배상이죠.

- 박시동 게다가 정말 힘들게 힘들게 성사된 소송이니 더 징벌적

배상을 해야 하는데, 오히려 반대예요. 동양그룹 사건의 경우 배상 금액이 피해자가 요구한 금액의 10분의 1밖에 되지 않았어요.

• **안진걸** 이 질문을 해야 할 것 같네요. 이런 법을 누가 정한 겁니까. 법은 국회에서 만드는 거 아닙니까. 그런데 우리 국회는 대자본을 위한 법을 만들고 있는 거네요.

• **박시동** 그래서 저는 자본주의가 제대로 돌아가기 위해서라도 '정의'가 필요하다고 생각합니다. 경제 정의를 바로 잡아야만 합니다.

• **안진걸** 우리나라 사람들이 머리가 좋은데, 뭔가 다른 방법을 생각해내지 않았을까요?

국민연금, 국민을 호구 만드는 중?

• **박시동** 이제 세 번째 이야기로 넘어가는데요. 바로 국민연금입니다. 우리나라 상장사를 보면 국민연금이 5% 이상의 지분을 갖고 있는 회사가 283개나 됩니다. 즉 1등부터 300등까지는 국민연금이 사실상 강력한 영향력을 끼칠 수 있는 거죠. 투자 평

가액도 무려 130~150조 사이로 엄청납니다.

• **안진걸** 와, 우리나라 국민이 국민연금을 통해 이미 웬만한 큰 기업의 대주주인 거네요.

• **박시동** 그렇죠. 연금자산의 15%가 국내 주식에 투자되어 있습니다. 그러니까 어지간한 기업은 국민연금의 영향력에서 자유로울 수가 없습니다. 그렇다면 국민연금이 국민 편에서 시장에 압박을 주고 좋은 효과를 낼 수 있는 여러 가지 결정을 할 수도 있지 않은가 싶지요?

• **안진걸** 앞으로 3~4년만 지나면 국민연금으로 들어오는 돈보다 나가는 돈이 더 많아지는 상황입니다. 들어오는 돈이 적은데, 내주는 돈을 마련하려면 어떻게 해야 할까요? 자산을 팔아야 할 시기라는 겁니다.

• **박시동** 우리나라 시장의 대부분을 국민연금이 갖고 있는 상황에서 국민연금이 주식을 팔기 시작하면 주가가 떨어질 텐데, 한국 사회에 큰 문제가 됩니다.

• **안진걸** 그러면 어떻게 해야 합니까?

• **박시동** 그래서 밸류업이 반드시 필요합니다. 연금이 수익률을 높이려면 해외자산에 투자하거나 위험한 투자를 해야 하는데, 그럴 수 없으면 어떻게 해야 하느냐. 국내 주식의 가치를 올려야 하는 것이죠. 밸류업이 돼야 하고, 그래서 배당도 많이 타야 하고요.

• **안진걸** 밸류업이 연금의 미래와 직결되는 문제인데 지금까지 그렇게 안 했다는 거네요. 그러니까 박시동 소장의 말은 국민연금이 제대로 의결권을 행사해서 300개 정도의 상장사가 다 꼼짝 못 하게 해야 한다는 것인데, 가능할까요? 그 또한 문제 아닙니까?

• **박시동** 아니죠. 주주인 국민연금이 자신의 안정된 수익을 위해 기업의 결정에 대해서 제대로 이야기할 수 있어야 한다는 거죠. 주주인 국민의 이익을 위해 주주의 이익을 이끌어내는 결정을 해야죠. 그런데 대주주와 소액주주 사이에서 언제나 중립 투표를 합니다.

• **안진걸** 이런 결정을 바로 '스튜어드십 코드(stewardship code)' 또는 '국민연금기금 의결권 행사 지침'이라고 합니다. 연기금이 기업의 의사결정에 개입할 수 있도록 하는 제도가 있습니다.

• 박시동   우리나라에도 스튜어드십 코드가 들어왔어요. 그런데 제대로 되고 있는지는 회의적입니다. 일반적으로 지분이 5%가 넘으면 투자 목적을 공시하거든요. 공시되는 투자 목적은 세 가지로 나뉩니다. 단순 투자, 일반 투자, 경영 참여인데요. 국민연금의 경우 최근에 단순 투자에서 일반 투자로 바꾸는 경우가 늘긴 했습니다. 소폭의 변화이지만, 그나마 나 몰라라 하고 내버려두는 건 아니라는 측면에서 긍정적이라고 보고 있습니다.

• 이광수   왜 바꾸냐고 물어볼 수 있는데요. 카카오 같은 회사에 문제가 생기니까, 단순 투자에서 일반 투자 목적으로 바꿨습니다. 그래 봐야 300여 개 기업 중에서 6개 정도에 불과합니다. 일본은 2014년에 스튜어드십 코드를 도입했고, 2015년에 거버넌스 코드를 들여왔습니다. 이 두 가지를 가지고 9년여 동안 자본시장을 잘 관리한 것인데, 우리는 그게 안되는 거죠.

• 안진걸   국민연금이 스튜어드십 코드를 잘 발휘할 수 있을까요? 국민연금 이사장이 결국 정부의 눈치를 보게 될 텐데요. 그러면 역으로 정부가 기업을 다스리는 통로가 되는 거 아닙니까.

• 박시동   맞습니다. 그런 사례를 이미 겪었죠. 삼성물산-제일모직 사태 때 보지 않았습니까? 사실 삼성물산 입장에서는 굉장히 불리한 합병 비율이고 국민연금이 반대했어야 합니다. 삼성물

산의 2대 주주가 국민연금입니다. 그런데 이때 국민연금이 찬성 했죠. 그러면서 손실을 얼마나 봤을까요. 보고서에 따라 다른데, 한 보고서는 손실이 2,500억이라고 추산합니다. 5천억이라는 보고서도 있습니다. 다 국민의 돈이죠. 국민연금은 왜 반대하지 않고 찬성했느냐. 정부가 팔을 꺾어서 한 거죠.

• **안진걸** 그 문제를 바로잡는 방법은 간단합니다. 국가의 이익, 국민의 이익에 반하는 결정을 한 결정권자에게 엄벌을 내리면 됩니다. 그런데 삼성물산이 주주들과 국민연금에게 손해를 주고도, 합병 찬성에 협조한 경영진과 이재용 회장 등 관련자들이 전부 무죄를 받았어요.

• **박시동** 우리 시장에는 '사기적 기업분할과 주주가치 훼손'을 방치하고 있다는 중대한 문제도 있습니다. 예를 들어 이런 문제가 있죠. 제가 어떤 회사에 투자하고 있는데, 10여 년간 이익이 난 돈을 특정 신사업에 엄청난 규모로 재투자해왔다고 가정해 보죠. 주주 입장에서는 사실 참아온 거예요. 배당을 해주면 좋은데, 다 포기하고 훗날 있을 미래를 보고 재투자를 감당해준 거죠. 그렇게 해서 10년 만에 신사업이 드디어 이익을 봤다고 합시다. 이제 기존 주주들에게 달콤한 이익이 돌아가야 할 텐데, 이때 기업이 어떤 의사결정을 하느냐?

● 이광수　신사업을 따로 떼서 별도의 회사를 만들어버립니다.

● 박시동　대표적인 게 LG화학이 LG솔루션을 떼어낸 거죠. 배터리 사업 부분을 따로 분리하고, 별도로 상장을 해버렸어요.

● 이광수　소액주주들의 분노를 산 엄청난 사건이었죠. 다른 회사로 분할하고 동시 상장을 하고요. LG화학이 한때 제일 잘나갔을 때 주식이 105만 원이었는데, 물적분할 후에 43만 원이 됐죠.

● 박시동　소액주주 입장에서는 배신이죠. 이런 배신적인 물적분할과 모자 동시 상장이 다른 나라에 얼마 있는지 찾아봤습니다. 불법 행위는 아닙니다. 합법이긴 한데, 잘 하지 않습니다. 정확히 말하면 하기가 어렵습니다. 아주 까다롭죠. 일반주주의 이익에 손해를 주면서까지 하기가 어렵기 때문에 그렇습니다. 영국은 아예 없고요. 미국은 기껏해야 8% 남짓 이런 물적분할이 있는 정도입니다.

● 안진걸　말씀대로 미국이나 영국 같은 경우에는 그렇게 하면 집단소송이 이루어질 거고, 엄청난 징벌적 손해배상이 이루어지겠네요. 그런 소송이 성사되기 어려우니 기업이 마음대로 하는 거고요. 우리나라는 기업이 소송을 두려워할 필요가 없죠. 사회적 비난도 흘려들으면 그뿐이고, 국민연금은 늘 중립을 표방

한다고 하면서 아무 조치도 없습니다. 그러니 탐욕적 기업이 마음대로 하는 거고요. 자, 이제 코리아 디스카운트의 네 번째를 말해주시죠.

• **박시동** 이제 이야기할 것이 바로 '의무 공개매수 제도'입니다. 대주주가 기업을 매각할 때가 있죠. 보통 대주주들이 가지고 있는 경영권 지분이라는 게 20~40% 사이입니다. 기업을 사려는 자는 기업의 모든 지분을 다 사지 않고, 대주주 경영권만 가져도 기업을 샀다고 할 수 있죠. 이때 매각되는 대주주의 지분에는 보통 프리미엄이 얹어집니다. 소위 경영권 프리미엄이죠.

　대주주들은 회사를 지배할 때도 온갖 특혜와 과도한 지배권을 가지고 전횡을 부리다가, 지분을 팔고 떠날 때도 시장 가격에 특별한 프리미엄을 추가로 더 받고 나가게 된다는 겁니다.

• **안진걸** 외국의 경우에는 어떻게 합니까?

• **박시동** 외국의 경우에는 경영진한테 사든, 누구에게서 사든 회사의 지배권을 같은 가격에 사도록 공개매수를 하게 합니다. 그런데 우리나라는 의무 공개매수 제도가 아직도 없습니다.

• **이광수** 기업 오너들이 반대하기 때문이겠지요. 이게 기업을 위해 좋은 일입니까? 의무 공개매수가 되면 어떻게 될까요?

• **박시동** 회사를 사려고 하는 사람들이 대주주 지분만 쏙 빼서, 케이크 위에 체리만 쏙 먹듯이 가져갈 수 없게 되겠죠. 나머지 주주들이 대주주에게 매수한 가격 그대로 '내 주식도 사라'라고 요구할 수 있는 의무 매수 요구가 가능하다면, M&A 비용이 많이 듭니다. 그러면 약탈적이고 적대적인 M&A를 하는 사람들의 기본 비용이 많이 들겠죠. 약탈적 M&A를 막을 수 있는 방법이 되기도 할 겁니다.

• **이광수** 코리아 디스카운트 해소를 위해서 자사주 문제를 지적하지 않을 수가 없습니다. 먼저 일본 사례를 들자면, 일본에서 밸류업 프로그램을 할 때 '자사주 매입을 많이 하고, 그거 다 소각시켜라'라는 게 핵심이었습니다. 이게 왜 밸류업이 되느냐를 설명해야 할 것 같은데요.

• **박시동** 자사주는 주주가 갖고 있는 주식이 아니고 회사가 회삿돈으로 자기 주식을 산 것입니다. 셀프 회사주인데요. 이 주식을 회사가 많이 가지고 있는 게 무슨 도움이 됩니까? 만약 자사주라는 게 없다고 해봅시다. 회사가 주식을 확보하려면 어떻게 해야 할까요? 시장에서 주식을 사야겠지요? 현금을 쓰게 되겠지요. 이게 앞에서 말한 기업 밸류를 말하는 여러 가지 지표 중에 PBR와 관련이 있습니다. 기억하죠? PBR은 분모가 자산이고 분자가 시총인 지표라고 했습니다.

• 안진걸   네네, 기억을 단단히 하겠습니다.

• 박시동   주식시장에 현금을 쓰게 되면 이 지표에서 분모가 줄어들죠. 그러면 PBR 개선에 도움이 되는 거죠. 즉, 돌아다니는 회사의 주식 전체 양이 줄어드는 겁니다. 이게 정말 효과가 좋으려면 그렇게 해서 산 자사주를 없애버려야 합니다. 이게 '소각'이라는 겁니다. 이렇게 주식의 수가 줄면 주당 순이익이 늘어나겠죠.

자사주 소각 운동을 벌입시다

• 안진걸   아하, 그렇게 '셀프 주식'이 없어져야 소액주주의 순이익이 늘겠네요.

• 박시동   그렇습니다. 우리나라도 자사주 관련한 제도 개선을 많이 기대했습니다. 그런데 왜 우리나라에서는 자사주 소각이 없느냐? 경영권에 대한 엄살 때문입니다.

• 안진걸   그런데 왜 자사주가 많으면 안 됩니까?

• 박시동   자사주는 의결권이 없습니다. 한 기업의 주식이 100주

라고 칩시다. 이 중 자사주가 50주라고 하면, 사실 이 50주는 주주총회 등에서 없는 거나 마찬가지입니다. 그러니 자사주를 소각하는 게 주주자본주의의 입장에서 맞는 거죠. 주주 이익에도 도움이 안 되고, 주총 의결권도 없는 이 자사주 50주를 소각하지 않고 들고 있는 이유는 대주주가 경영권을 방어할 때 쓰기 위해서입니다.

안진걸 그걸 어떻게 씁니까?

박시동 쉽게 예를 들어볼게요. 내가 경영권을 방어해야 하는데, 의결권이 부족하네? 이러면 자사주를 끄집어냅니다. 그리고 친한 친구들을 부르죠. 다른 재벌 친구 A와 또 다른 재벌 친구 B에게 "자사주 주식, 너네 회사가 사라"라고 줘버립니다. 그리고 "대신 너네 회사 주식 줘"라고 하면서 서로 자사주 주식을 맞교환하는 거죠. 이렇게 다른 회사에 가는 주식이 되면서 이 자사주의 의결권이 살아납니다.

안진걸 아까 말했던 삼성물산과 제일모직 합병 때도 비슷했어요. 삼성물산 주식을 KCC에 매도해줬죠.

박시동 삼성물산과 제일모직의 합병에 대해 반대가 높았는데, 사실 6% 차이로 겨우 통과가 됐어요. 당시 국민연금도 반대할

자사주 소각만 제대로 해도
30%가 오를 겁니다.

지 말지 고민하고 있었죠. 삼성이 불안하니까, 이때 주주총회에서 필요한 의결정족수를 확보하기 위해 자사주를 KCC에 넘겨버립니다. 그렇게 해서 합병할 때 썼죠. 결국 회삿돈으로 지분을 늘려서 영원히 자신의 지배력을 강화하는 데 도움이 되도록 하는 방식이죠. 그래서 우리나라에서 자사주 소각이 안 되는 거예요. 우리나라는 기업의 가치를 높이는 것보다 오너의 경영권을 지키는 게 우선이기 때문입니다.

• 이광수   코리아 디스카운트의 해법은 자사주 소각이네요.

• 박시동   자사주 소각만 제대로 해도 30%가 오를 겁니다. 우리나라 상장사 중에 자사주를 보유한 곳이 67% 정도 되는데, 이 중 자사주를 소각하는 곳은 14% 정도라고 합니다. 결론은 우리나라에서 주식과 관련된 법, 제도 등 모든 것이 소액주주의 편이 아니라는 겁니다. 솔직히 털리고 있다고 말하는 게 맞습니다.

• 안진걸   소액주주들이 투쟁해야 하는 거 아닙니까. 투쟁이 투자다. 이 진리가 여기도 있는 것 같습니다.

• 이광수   지금까지 논의한 바를 정리해보면, 우리나라 주식시장이 저평가된 상황에서 코리아 디스카운트 해소가 정말 중요한데, 코리아 디스카운트 해소를 위한 여섯 가지 최우선 과제를

지적해주셨어요.

상법 382조 이사의 충실 의무를 개정해서 이사가 주주를 위해서도 일하도록 하자. 증권 관련 집단소송 제도를 손봐서 '법'이 주주들을 위해 존재하게 하자. 국민연금을 이용해서 최대한 국민을 위해 기업 가치를 끌어올리도록 적극적인 역할을 주문하자. 기업들이 물적분할·인적분할과 모자 동시 상장 같은 탐욕적 행태를 더 이상 못 하도록 하자. 의무 공개매수 제도 등 대주주와 소액주주의 가치를 같게 하는 제도를 만들자. 자사주 소각을 의무화함으로써 주주 가치를 개선하자.

저희가 논의한 이 여섯 가지만 신속히 된다면, 당장에 코스피에 훈풍이 불겠는데요.

· **박시동** 제가 정리와 설명의 왕이었는데, 이광수 소장이야말로 정리의 왕이네요.

8

부동산 가변의
법칙

내 집 마련과 불안 심리

우리나라 집값, 왜 이리 불안한가

• **박시동** 한국 부동산시장은 항상 시끌시끌합니다. 가격이 올라도 안 돼, 내려도 안 돼. 우리가 부동산을 불안해하는 가장 큰 이유가 집값 변동성이 크기 때문 아닙니까. 어떻게 살아야 하지요? 어렵습니다.

• **안진걸** 하지만 우리에게는 부동산계의 유시민이라는 이광수 소장이 있습니다. 인생의 성적표 부동산! 어떻게 하면 됩니까?

• **이광수** 다른 나라와 비교해서 우리나라 집값 변동 폭이 상대적으로 큽니다. 특히 서울을 비롯한 수도권의 아파트 가격은 그 정도가 더욱 심합니다. 가장 큰 이유는 투자 수요가 많다는 것입니다. 거주 주택을 투자로 사는 사람들이 많다는 거죠. 집값이 상승하는 시기에 투자 수요가 전체 수요에서 차지하는 비중이 40%를 넘기도 합니다. 서울 아파트를 중심으로 투자하면 돈

을 번다고 생각하기 때문에 투자로 집을 사는 사람이 많습니다. 투자자가 많다는 것은 그만큼 가격 변동성이 크다는 거죠.

• **박시동** 아파트에 투자하는 사람들이 많은 이유는 무엇일까요? 돈을 벌 수 있다는 굳은 믿음이 있는 건가요?

• **이광수** 그렇죠. 그동안 부동산 가격이 꾸준하게 상승했고 서울 아파트 가격은 크게 올랐기 때문에 월등한 투자 대상이라고 생각하는 거죠. 또 한 가지로 정책에 대한 믿음도 있다고 생각합니다. 많은 사람이 집값이 떨어지면 정부가 다시 올려줄 거라 생각합니다. 실제로 그동안 아파트 가격이 하락하면 각종 부양책을 동원해서 집값을 올리는 정책을 써왔죠. 현 정부도 2022년부터 아파트 가격이 하락하자 부동산 세금을 낮추고 개발 규제를 없애고 대출을 확대하는 정책을 시행했습니다. 자산시장에 정부가 적극적으로 개입하는 것은 한국 부동산이 거의 유일하지 않을까 합니다.

• **안진걸** 미국 부동산시장에서 정부 정책 때문에 값이 오른다 내린다는 뉴스는 못 본 것 같습니다.

• **박시동** 그렇다면 집값은 계속 오르기만 하나요?

• **이광수**   흥미로운 지점이 있습니다. 투기자가 아닌 경우, 일반적인 사람들은 아파트를 평생 두세 번 매입합니다. 그렇다면 가격을 계속 관심 있게 보는 것이 아니라 장기로 판단하게 되죠. 예를 들어서 "와, 이 아파트가 10년 전에는 5억 원이었는데 지금은 10억 원이네" 이렇게 판단합니다. 장기로 판단하면 아파트 가격은 모두 올랐습니다. 그러나 중요한 것은 5억 원이 10억 원이 되는 동안 변화가 분명히 있었다는 점입니다. 5억 원이 7억 원이 됐다가 다시 5억 원이 되고, 8억 원이 됐다가 6억 원이 되고 이후 10억 원이 됐습니다. 서울 아파트 가격만 봐도 2000년 이후 2024년까지 월간 가격 변동률을 보면 하락한 월의 비율이 32.7%에 달합니다. 해당 기간 중 약 33%는 가격이 하락한 기간이었고 6개월 이상 하락한 기간은 총 7번이나 됐습니다. 분명한 사실은 집값은 하락했고, 계속 오르지도 않고 변동했다는 점입니다.

• **박시동**   신기하게 가격이 하락한 기간이 있었네요. 강남 아파트 가격도 빠졌나요?

• **이광수**   예외는 없었습니다. 강남 아파트 가격 하락 폭이 컸던 기간도 많습니다. 특히나 강남 아파트는 절대 가격이 높기 때문에 다른 지역과 하락 비율이 유사하더라도 가격 하락 폭은 컸습니다.

강남에 집이 없어서 오르는 거 아닙니까

• **안진걸** 일반적으로 사람들이 강남 불패를 이야기하잖아요. 모두 다 살고 싶어 하는데 어떻게 집값이 빠지냐는 건데요. 강남 아파트 가격이 하락인 이유는 무엇인가요?

• **이광수** 가격 변동의 원인을 이야기하기 전에 먼저 자산시장의 특성을 이해할 필요가 있습니다. 첫째, 자산시장의 가치는 미래의 일에 영향을 받기 때문에 가격과 수익률이 매우 불안정하다는 특징을 가지고 있습니다. 미래가 중요하다는 의미입니다. 둘째, 자산의 가격은 공급보다 수요 측의 상황에 더욱 민감하게 반응합니다. 결국 수요가 자산의 가격을 결정한다는 의미입니다.

• **박시동** 그렇다면 강남 아파트 가격이 하락한 이유는 수요가 감소했기 때문 아닙니까.

• **안진걸** 모두 다 강남에 살고 싶어 하고 모두 다 강남 아파트를 사고 싶어 할 수 있겠죠. 그러나 그게 수요는 아니다.

• **이광수** 그렇습니다. 사고 싶어 하는 이들이 모두 가격을 움직이는 수요가 될 수 없습니다. 특히 부동산의 경우 사고 싶은 수요가

아니라 살 수 있는 수요가 얼마나 있느냐가 중요합니다. 즉, 유효수요 개념을 이해하실 필요가 있습니다. 부동산 가격을 감당할 수 있는 수요가 시장에 얼마나 존재하고 있고 실제로 수요로 이어질 수 있는가에 따라서 가격은 변동될 수 있죠.

• **박시동** 이게 집값이 너무 올라서 벌어지는 일 아닙니까. 강남 아파트의 가격이 계속 상승하면, 가격을 감당할 수 있는 수요가 감소하게 되고 수요가 줄어들면 가격 하락은 불가피하겠죠.

• **안진걸** 공급 부족을 이야기하는 측면도 많은데요. 내 집이 없는 사람들은 항상 집이 부족하다는 생각이 들고, 공급 부족으로 집값이 계속 오를 수밖에 없다고 이야기하는 사람들도 많습니다.

• **이광수** 부동산시장에도 물론 공급이 중요합니다. 반면 아파트 가격을 결정하는 공급에 대해서 생각해볼 필요가 있습니다. 일반적으로 부동산의 가격을 결정하는 공급을 건설회사들이 짓는 아파트라고 생각합니다. 건설회사가 아파트를 많이 만들어서 분양하면 주택가격은 하락하고 반면 아파트 분양이 감소하면 공급 부족으로 집값이 오른다고 이야기합니다.

• **안진걸** 그러나 놀랍게도 그 말은 사실이 아니죠.

• **이광수** 과거와 현재 한국 부동산시장의 변화를 봅시다. 아파트 가격이 상승하는 기간에 건설회사들의 공급도 증가합니다. 반면 가격이 떨어지면 건설회사들도 아파트 분양을 감소시킵니다. 너무나 당연한 이야기죠. 건설회사들은 돈을 벌려고 아파트를 공급합니다. 따라서 가격이 오를 때 공급을 증가시키고 가격이 하락할 때 공급은 감소합니다. 건설회사들이 짓는 아파트의 양과 가격 변동의 인과관계가 일반적인 생각과 다르게 나타났습니다. 아파트 공급이 감소해서 집값이 오른 것이 아니라 아파트 가격이 오르면 공급은 증가하고, 아파트 가격이 하락하면 주택 공급은 줄어들었습니다.

• **박시동** 집을 내놓는 사람이 많아지는 것도 공급이 느는 일 아닙니까.

• **이광수** 그렇죠. 집값을 결정하는 공급은 건설회사들이 짓는 아파트의 양이 아니라 매도 물량입니다. 일반적으로 사람들이 매수하는 아파트는 누군가 보유하고 있는 집입니다. 그렇다면 가격을 결정하는 공급도 매도 물량이어야 합니다. 집을 가지고 있는 사람들이 많이 팔려고 하면 공급이 증가하면서 집값은 하락할 수 있습니다. 반면, 가격이 계속 오를 거라고 생각해서 집을 팔지 않고 매물을 거둬들이면 공급 감소로 집값은 상승하게 됩니다.

• **안진걸** 집값이 오를 때마다 정부는 주택 공급이 부족하다, 그래서 아파트를 많이 지어야 한다는 정책을 발표합니다. 공급을 매도 물량이라고 보면 틀린 정책이라고 할 수 있겠네요?

• **박시동** 무엇보다 공급이 부족해 집값이 부족하다고 해도 아파트를 짓는 게 답이 아니죠.

• **이광수** 그렇습니다. 부동산시장 안정을 위해서 안정적으로 주택 공급을 늘리는 것은 중요합니다. 그러나 주택을 짓는 정책이 단기 집값 변동에 효과를 낼 가능성이 없습니다. 차라리 집값을 진짜 안정시키려면 집을 가지고 있는 사람들이 많이 팔게 하는 정책을 써야 합니다.

종부세도 소용없는 부동산?

• **박시동** 갑자기 종합부동산세가 생각나네요. 집을 팔게 하려고 도입된 것이 종부세였지 않습니까? 종부세를 올리면 세금 부담을 느껴서 집을 팔 것이다. 그러면 매도 물량이 증가해서 주택가격이 안정될 수 있다고 생각했는데 실제로 종부세가 도입되고도 매도 물량은 증가하지 않고 오히려 집값은 크게 상승했습니다. 왜 종부세가 집값을 안정시키는 데에 효과를 못 냈을까요?

집값을 결정하는 공급은
건설회사들이 짓는 아파트의 양이 아니라
매도 물량입니다.

• **이광수** 종부세 자체보다 정책 신뢰성의 문제였다고 생각합니다. 이론적으로 보유세가 증가하면 집을 가지고 있는 사람들이 아파트를 팔고 매도 물량이 증가하면서 집값은 안정될 수 있습니다. 그러나 신뢰성이 가장 큰 문제였습니다. 종부세가 도입됐던 참여정부 때 야당에서는 종부세 무력화를 지속적으로 주장했습니다. 언론이나 많은 전문가도 종부세가 오래가지 못할 거라고 예측했습니다.

• **안진걸** 그래서 종부세를 '비운의 정책'이라고도 합니다.

• **이광수** 그렇다면 집을 가지고 있는 사람들은 어떤 생각을 했을까요? 지금은 종부세가 부담되지만 조금 지나면 없어질 것이라는 기대를 하게 되고, 집값 상승이 기대되는 상황에서 굳이 집을 팔 이유가 없다고 생각했겠죠. 결국 정책에 대한 신뢰가 낮다 보니까 종부세가 무력화됐습니다. 실제로 이후 정권이 바뀌면서 세율이 낮아지는 등 종부세는 무력화 과정을 거치게 됩니다. 예언이 실현됐죠.

• **안진걸** 부동산시장은 정말 어렵네요. 정책 이야기를 했는데, 한국에서는 부동산 정책이 시장에 미치는 영향도 크지 않습니까? 지금도 '빚내서 집 사라'는 정책을 펼쳤을 때 내 집을 마련하지 못해 후회하는 사람들이 많습니다. 부동산 정책이 시장에

미치는 영향을 어떻게 판단해야 할까요?

• **이광수** 한국 부동산시장에서 정책은 매우 중요한 역할을 합니다. 말씀드렸듯이 투자하는 사람들이 많기에 정책에 더욱 민감합니다. 실거주자가 대부분의 수요라고 하면 정책에 민감하지 않습니다. 실수요자들은 종합부동산세를 크게 걱정하지 않습니다.

• **박시동** 그 말은 부동산 정책 효과를 판단할 때 부동산 투자자 입장에서 생각해볼 필요가 있다는 것입니다. 어떤 정책이 발표됐을 때 투자들은 어떻게 행동할 것인가를 생각해야 하죠.

• **이광수** 예를 들어볼까요. 현 정부가 부동산시장 안정을 위해서 재건축, 재개발 사업을 활성화하겠다고 발표하고 법도 만들었습니다. 재건축 활성화 정책을 보고 투자자들은 어떻게 생각할까요? 용적률을 높여서 재건축이 잘되면 집값이 안정되겠다고 생각할까요? 아니면 '노후 아파트에 투자해볼까'라고 생각할까요? 이미 투기화가 심한 한국의 부동산시장에서는 투자자 관점에서 정책을 설계할 필요가 있습니다. 집값을 안정시키기 위해서는 투자자들이 싫어하는 정책을 만들어야겠죠.

• **안진걸** 투자자들이 싫어하는 정책은 무엇일까요?

• **이광수** 대표적인 정책이 있습니다. 바로 취득세입니다. 문재인 정부 때 다주택자 취득세를 크게 인상시킵니다. 다시 완화됐지만 다주택자가 조정 대상 지역에서 아파트를 매입하면 취득세를 8% 이상 내야 합니다. 강남에서 20억 원 아파트를 매수하면 취득세 1억 6천만 원을 내야 합니다. 투자가 쉽지 않습니다. 일반적으로 부동산 세금은 이익에 기반해서 납부합니다. 예를 들어 양도세는 이익이 생겨야 납부하는 세금입니다. 그러나 취득세는 이익과 상관없이 납부해야 합니다. 취득세 중과를 투자자들이 가장 싫어하는 이유입니다. 투자자들한테 취득세를 크게 인상시키면 투자는 자연스럽게 감소할 수 있겠네요.

금리와 부동산의 상관관계는?

• **박시동** 부동산시장을 이야기하는데 금리가 빠질 수 없죠. 금리가 인하되면 집값이 상승하고 반대로 금리가 오르면 아파트 가격이 하락한다고 하는데, 맞는 이야기인가요?

• **이광수** 일반적으로 금리는 자산시장에 큰 영향을 미칩니다. 자산의 가격은 돈으로 환산됩니다. 반면 금리는 돈의 가격을 의미합니다. 금리가 떨어진다는 의미는 돈의 가치 하락을 말합니다. 그렇다면 금리 인하는 돈이 싸진다는 것이고 돈이 싸지면

상대적으로 자산가격은 상승합니다. 기본적인 공식입니다. 금리 인상은 반대로 인식될 수 있습니다.

• **박시동** 그러나 자산시장은 수학 공식처럼 그대로 적용되는 시장이 아닙니다. '금리 인하 = 자산가격 상승'이라는 공식이 그대로 적용되면 얼마나 쉽겠습니까?

• **안진걸** 코로나팬데믹 이후 기준금리가 인하되면서 자산가격이 크게 상승했습니다. 금리가 인하되면 자산가격이 오른다고 자연스럽게 인식하게 되는 계기가 됐죠.

• **이광수** 금리에 대한 영향을 알아보기 전에 자산가격이 움직이는 원칙에 대해서 살펴볼 필요가 있습니다. 자산가격은 결국 수요와 공급이 만나서 결정됩니다. 수요가 증가하면 가격이 상승하고 공급이 늘면 가격이 하락합니다. 간단합니다. 시장에서는 금리 인하가 아파트 가격을 올리는 것이 아니라 금리가 떨어지면서 주택 수요가 증가하고 그에 따라 아파트 가격이 상승합니다. 금리 인하가 자산가격을 올리는 것이 아니라 금리 인하로 주택 수요가 증가할 수 있을 것인가가 중요합니다. 금리가 인하돼도 수요가 늘어나지 않으면 자산가격은 오를 수 없습니다. 따라서 금리 인하라는 결과가 아니라 원인이 중요합니다.

• **박시동** 이렇게 설명할 수 있겠네요. 예를 들어 실업률이 증가하고 경기가 침체돼서 불가피하게 금리가 인하되는 상황이라면 아파트 가격이 상승할 수 없습니다. 실업자가 늘어나는데 집을 사는 사람들이 많아질 거라고 예상하기는 어렵죠.

• **이광수** 자산시장은 영리합니다. 시장을 판단하고 전망하기 위해서는 복합적인 사고와 끊임없는 숙고가 필요합니다.

• **안진걸** 우리나라는 전세제도가 있는 유일한 나라입니다. 전셋값이 오르면 집값이 상승한다고 하는데. 제가 생각하기에는 당연한 것 같습니다. 어떻게 생각하세요?

• **이광수** 부동산시장에서 전셋값이 오르면 주택가격이 상승한다는 이야기는 상식으로 통용됩니다. 그러나 자산시장에서 상식이 항상 통할까요? 상식을 넘어서 논리적으로 접근해 보겠습니다.

• **박시동** 제대로 이해해야 손해 보지 않는다!

전세가 오르니 집값도 오를 거라는 신화

• **이광수** 전셋값이 상승해서 집값이 오른다고 생각하는 이유는 두 가지입니다. 우선 무주택자를 중심으로 전셋값이 상승하면 내 집 마련 수요가 증가하고, 주택 수요가 늘어나면서 집값이 상승할 수 있다고 생각합니다. '전셋값이 오르니까 차라리 내 집을 마련하는 것이 좋겠다'고 생각하고 직접 집을 매수하는 수요가 증가한다는 의미입니다.

• **안진걸** 다른 하나는 뭔가요?

• **이광수** 다음으로 전셋값이 상승하면서 투자 목적 즉, 전세를 끼고 주택을 매수하는 수요가 늘어날 수 있다고 예측합니다. 전셋값이 오르면 주택 매수 금액이 감소하고 그러면 투자하는 사람이 증가할 수 있습니다. 자세하게 살펴볼까요?
 전셋값이 오르면 무주택자가 못 견디고 주택을 매입하게 된다는 이야기에는 중요한 전제가 필요합니다. 바로 전세로 거주하고 있는 사람이 전셋값 상승으로 인해 집을 매수할 수 있는 '유효수요'로 변화할 것이라는 전제입니다.

• **박시동** 하지만 앞에서도 봤듯이 안타깝게도 구매 여력이 없다면 아파트를 매수하고 싶어도 살 수 없지 않습니까?

•이광수　전셋값이 오르면 전세보증금과 보유 자산 그리고 대출을 합해 집을 매수하게 됩니다. 여기서 주목해야 할 점은 최근 전셋값이 오르고 있는데 보증금조차 상당 부분 대출로 이루어졌다는 것입니다. 2020년 이후 5년간 서울에만 120조 원이 넘는 전세자금대출이 이루어졌습니다. 전세보증금의 상당 부분이 대출일 가능성이 높습니다. 현재 전세보증금도 대출 비중이 높다는 의미입니다.

•안진걸　이미 전세도 대출로 당겼는데, 더 당기기가 어려울 정도라는 거죠?

•이광수　전세보증금이 온전히 자기 자금일 때 전셋값이 오르면 전세보증금과 주택담보대출을 이용해 주택을 매수할 수 있습니다. 그러나 그동안 상승했던 전세보증금조차 대출로 이루어져 있다면 추가 대출이 어려울 뿐만 아니라, 현재 가격에 주택을 매수할 수 있는 여력도 크게 감소합니다. 지금처럼 임차인이 보유한 전세보증금조차 대출 비중이 높다면 전셋값이 오른다고 추가 대출로 주택을 매수할 수 있을까요?

•박시동　지금 대한민국의 보통 사람들이 살 수 있는 아파트가 얼마나 됩니까?

● **이광수** 2023년 기준 서울의 중간소득 가구가 자기자본과 대출을 통해 구입할 수 있는 주택은 서울 전체 아파트 중 6.4%에 불과합니다. 중간소득 가구가 보유 자산과 대출을 이용해 매입할 수 있는 서울 아파트가 100채 중에서 6채에 불과하다는 의미입니다. 심지어 현재 보유하고 있는 전세보증금조차 대출로 이루어진 상황입니다. 전세가 오른다고 "여보, 우리 이제 내 집을 마련하자"고 할 수 있는 유효수요가 얼마나 될 것인가에 대한 판단이 필요합니다. 단순히 전셋값이 오른다고 내 집 마련 수요가 증가한다는 이야기는 향후 달라질 수 있습니다.

● **박시동** 갭투자는 어떻습니까? 전셋값이 상승하면 갭투자가 증가하지 않겠습니까?

● **이광수** 2010년부터 2013년까지 서울을 중심으로 아파트 매매가격 하락이 컸습니다. 서울 아파트 매매가격 지수로도 연평균 2.2%씩 하락했습니다. 실제 아파트 매매가격을 살펴보면 강남구는 누적으로 30% 이상 하락한 기간이었습니다. 해당 기간에 아파트 가격은 하락했지만 전셋값은 상승하는 흥미로운 현상이 발견됩니다. 전세가격지수 변동률을 보면 2010년부터 2013년까지 연평균 8% 이상씩 꾸준하게 상승했습니다. 전셋값은 상승했지만 아파트 매매가격은 하락했습니다. 주택시장에서 전셋값이 상승하면 매매가격이 오른다는 상식이 깨진 기간이었

습니다.

- **안진걸** 왜 이런 상식이 깨지는 현상이 일어난 것이죠?

- **이광수** 우리가 지금 갭투자를 이야기하고 있잖아요? 사람들은 왜 아파트에 투자할까요? 전셋값이 상승한다고 아파트에 투자할까요? 아닙니다. 돈을 벌 수 있다고 생각할 때 투자합니다. 예를 들어보죠. 경기도에 전세를 끼고 1천만 원으로 투자할 수 있는 1억 원 이상의 오피스텔이 많습니다. 그러나 투자자들은 오피스텔에 투자하지 않습니다. 매매가 대비 전세가 비율이 90% 이상임에도 오피스텔에 투자하지 않는 이유는 향후 수익에 대한 기대감이 낮기 때문입니다.

- **박시동** 지금 하는 말씀은 전셋값이 상승하면 반드시 집값이 오른다는 믿음은 한국 부동산시장에서 깨지지 않는 신화였지만, 이제는 검증이 필요하다.

- **이광수** 맞습니다. 달라진 시장 환경과 본질을 이해해야 해요. 과중한 가계대출, 크게 증가한 전세자금대출, 그리고 투자하는 본질적인 이유를 다시 한번 생각해보면 부동산시장을 다르게 이해할 수 있을 것입니다.

• **박시동** 자산시장에서 상식은 없습니다. 부동산도 마찬가지입니다. 항상 변화하고 예상치 못한 일들이 벌어집니다. 변화를 인정해야 내 집 마련도 잘할 수 있고 투자도 좋은 성과를 낼 수 있습니다. 전셋값이 오른다고 무리하게 대출을 일으켜 내 집 마련에 나서는 사람이 늘어나고 있습니다. 그러나 이러한 현상은 단기에 그칠 가능성이 커요. 전셋값이 상승하면 집값이 오른다? 근거 없는 믿음보다 질문을 먼저 던져야 합니다.

• **안진걸** 설명이 쉬워서 부동산시장이 재미있어지는데요. 한국 부동산이 어떻게 움직이고 또 무엇이 중요한지 알았습니다.

• **박시동** 부동산시장을 이야기하면 당장 이번 분기에 시장이 어떻냐, 하반기 시장이 어떻냐, 이렇게 물어보는데요. 사실 그렇게 짧게 봐서는 실패하기 쉽습니다. 왜냐하면 부동산은 빨리 사고 빨리 팔기 어려운 자산이기 때문이지요.

• **이광수** 그런 점에서 중요하게 봐야 할 지점이 하나 있습니다. 최근에 아파트를 가장 많이 판 사람들을 조사해보면 10년 이상 보유했던 사람들이 늘고 있습니다. 왜 팔까요? 집값 상승에 대한 기대감이 떨어지고 있기 때문이에요. 그러면 어떤 집을 내놓을까요? 자신이 소유하면서 실제로 거주도 하는 집보다는 투자 목적으로 가지고 있는 집일 가능성이 크겠죠. 서울의 자가

점유율이 43.5%입니다.

• **박시동** 거의 60%가 투자 목적으로 보유하고 있는 거네요. 현재 투자자들이 이미 아파트를 너무 많이 가지고 있지 않습니까?

• **이광수** 그렇습니다. 2022년 기준으로 전국 아파트 중에서 다주택자가 보유한 아파트는 230만 호로 산출됩니다. 본인이 거주하는 아파트를 제외하면 다주택자가 투자 목적으로 소유한 아파트는 전국 기준 133만 호입니다. 2020년 이후 최대치입니다.

• **안진걸** 그렇다면 이제 진짜 중요한 내 집 마련은 어떻게 해야 하는지 알려주십시오. 많은 분이 궁금해할 것 같습니다. 내 집 마련 전략은?

_____ **내 집 마련을 위한 필살기!**

• **이광수** 가장 중요한 질문이죠. 결국 내 집 마련은 어떻게 할 것인가? 큰 원칙이 있습니다. 부동산은 언제나 사고팔 수 없습니다. 또한 선택이 한정돼 있습니다. 모든 아파트를 살 수 없습니다. 따라서 부동산은 무엇을 사는가보다 언제 사는가가 훨씬 더 중요합니다. 언제나 사고팔 수 없기 때문에 언제가 중요합니

다. 그런데 사람들은 어디를 사야 하는가만 물어봅니다. '내 집 마련을 언제 해야 하는가?'에 답을 찾는 과정이 내 집을 잘 마련하기 위한 가장 중요한 첫 번째 질문이어야 합니다.

• **박시동** 이미 앞에서 '부동산은 WHEN이다'라는 것을 배웠습니다. 이걸 찾기 위한 방법도 좀 가르쳐주시죠.

• **이광수** 살고 싶고 사고 싶은 아파트 리스트를 만들어보길 권합니다. 중요한 것이 있습니다. 여기서 '살고 싶은'의 주체는 내가 아니라 다른 사람입니다. 다른 사람들이 사고 싶어 할까에 대한 답을 찾아야 합니다. 경기도 외곽에 타운하우스를 분양하고 있습니다. 마당도 있고 아이들 방은 2층에 있습니다. 주말에 고기도 마음껏 구워 먹을 수 있는 집이에요. 집을 본 아이들도 매우 좋아합니다. "엄마, 아빠 나 여기 살고 싶어요."

• **박시동** 그런데 사려는 사람이 없으면?

• **이광수** 그렇죠. 남들은 이 집을 어떻게 생각할까요? 관점을 내가 아니라 다른 사람에 맞추면 답을 달라집니다. 남들이 사고 싶어 하는 주택을 내 능력 기준에 맞춰 리스트를 먼저 만들어보는 것이 내 집 마련의 첫 번째 출발점입니다.

• **안진걸** 남들이 사고 싶어 하는 집은 어떻게 찾을 수 있을까요?

• **이광수** 기준이 있습니다. 첫 번째 '거래회전율'이 높아야 합니다. 거래회전율은 전체 세대에서 1년 동안 몇 채가 거래됐는지를 나타내는 비율입니다. 예를 들어 1,000세대 아파트가 1년 동안 100채가 거래됐다면 거래회전율은 10%입니다. 거래회전율이 높다는 것은 남들이 많이 산다는 이야기입니다. 거래가 활발하게 일어나지 않으면 사기도 팔기도 쉽지 않습니다.

• **안진걸** 두 번째는요?

• **이광수** 두 번째 기준은 '투자 비율'이 높아야 합니다. 누군가 투자로 많이 보유하고 있다는 것은 투자하기 좋은 아파트라는 의미입니다. 또한 투자 비율이 높으면 가격 변동 폭이 클 가능성이 높기 때문에 가격이 하락하는 기회를 잡을 수 있습니다. 투자 비율은 전체 세대에서 2년 동안 전월세 거래가 얼마나 됐는지를 통해 계산할 수 있습니다. 예를 들어 1,000세대 아파트에서 2년 동안 전월세 거래가 300건 이루어져 있다면 투자 비율은 30%입니다.

 정리해 보겠습니다. 1) 내가 살고 싶은 아파트를 선정합니다. 2) 내가 살고 싶은 아파트 중에서 남들도 사고 싶어 하는지를 검증합니다. 3) 아파트 리스트 중에서 거래회전율과 투자 비율이 높은 아파트를 골라냅니다.

• **박시동** 구체적인 아파트 리스트를 만들어보십시오. 그게 만들어졌다는 것은 이제 내 집 마련을 잘하기 위한 첫 번째 발걸음을 디뎠다는 겁니다.

• **안진걸** 살고 싶은 아파트를 선정한 다음에는 무엇을 해야 하나요?

• **이광수** 내 집 마련 리스트를 만들었다면 이제 부동산시장과 개별 아파트 가격 변화를 보면서 '언제'를 고민해야 합니다. 최선의 방안은 가격이 하락했을 때 내 집을 마련하는 것입니다. 전체 부동산시장 변화뿐 아니라 개별 아파트 가격도 변화가 불가피합니다. 제가 말하는 시점에는 시장 변화와 함께 스스로의 '때'도 있습니다. 아직 스스로의 때가 안 됐는데 주택가격이 오를 것 같아서 무리하게 대출을 일으켜서 집을 사면 안 됩니다. 스스로 충분히 준비돼 있는지도 언제를 고민할 때 중요하게 고려해야 합니다.

불안을 잘 다스려라

• **안진걸**   이런 이야기가 가장 절실한 분들이 보통 30대가 아닐까요?

• **이광수**   서울 지역 거주 기준으로 30대 무주택가구 비율이 71%에 이릅니다. 결혼하고 아이를 낳는 시기라 내 집 마련에 대한 욕구가 매우 높죠. 그래서 불안 심리가 매우 큽니다.

• **박시동**   무주택자뿐만이 아니라 이미 집을 가지고 있는 사람이 더 좋은 집으로 옮기려고 하는 경우도 많지 않습니까. 아이를 낳아서 더 큰 집으로 가고 싶다거나 할 때가 있는데, 이럴 때 필요한 조언이 있다면요?

• **이광수**   우리가 더 넓은 집으로도 옮기기도 하지만 사실은 자산가격이 더 높은 집으로 옮깁니다. 이걸 이른바 '갈아타기'라고 하고 '상급지'라고도 표현하는데요. 상급지에 가려면 대출을 더 많이 받아야 합니다. 이렇게 보면 결국 한국의 부동산시장은 다주택자가 포식자입니다. 집을 한 채씩 갖고 있으면 부동산으로 돈을 버는 구조가 어렵습니다.

• **박시동**   옮기는 일이 결국 더 큰 빚을 지는 일이 돼요.

• **이광수** 1주택자 측면에서 집값이 오르는 걸 저는 '화폐 환상'이라고 보고 있어요. 아무튼 갈아타기는 기본적으로 '팔고' 사는 일인데요. 팔 때 사람들은 본전 생각을 하는데 최고로 가격이 높았던 때를 생각합니다. 그런데 부동산 가격이 하락하고 있으면 심리적으로 팔고 싶지 않게 되죠. 그러나 갈아타기는 사실 가격이 하락할 때 하는 게 좋습니다. 가격 하락 폭을 생각하면 상급지는 더 절대적으로 많이 내리니까요.

• **박시동** 중요한 건 절대 금액을 보는 것이라는 말씀이군요.

• **이광수** 바로 그렇습니다.

• **박시동** 흔히 부동산은 10년 단위로 봐야 한다, 이런 말이 있는데요. 최근 상황은 어느 때와 비슷합니까?

• **이광수** 주식이라든지 부동산을 볼 때 과거의 예를 잘 살펴볼 필요가 있습니다. 특히 한국 부동산은 내수시장이잖아요. 보수 언론에서 외국인, 특히 중국인이 부동산을 산다고 하지만 몇 년 되지 않았습니다. 중요한 점은 내수시장은 플레이어가 한정적이라는 것입니다. 쉽게 말해서 내국인이 가격을 결정하고 사고판다는 겁니다.

10년 전이나 20년 전이나 한국인은 집을 좋아하고 집으로 돈

'화폐 환상'
집값이 오를 때에 다주택자만 돈을 버는 구조

을 벌고 싶어 하고, 내 집 마련을 원합니다. 그래서 한국 사람들끼리 사고파는 시장은 과거에도 지금과 똑같은 변화가 있었어요. 그게 정확히 2009년이었어요. 참여정부 때부터 2007년도까지 집값이 급등했잖아요. 그러다가 2008년도에 글로벌 서브프라임 사태의 여파로 집값이 급락합니다. 그러자 정부에서 대출, 세제 그리고 개발 규제를 대폭 완화합니다. 주택가격 하락에 대응하기 위한 방책이었습니다.

• **박시동** 그래서 일시적으로 집값이 올랐지만 오래가지는 못했습니다.

• **이광수** 그렇습니다. 2009년 상승세는 10개월에 그쳤고, 그 뒤로 거의 3~4년간 하락했습니다. 지금도 유사할 수 있는 상황이니 잘 살펴봐야 합니다.

• **안진걸** 대한민국에서 내 집 마련은 정말 간절한 소망입니다. 아직도 내 집을 마련하지 못한 많은 분께 한 말씀 주신다면?

• **이광수** 분명히 좋은 기회가 옵니다. 시장의 변화를 읽고 구체적인 계획을 갖고 준비한다면 여러분의 기회를 잡을 수 있다고 생각합니다. 많은 무주택자가 집값이 급등할 때 무리하게 대출을 일으켜서 아파트를 매수했습니다. 불안입니다. 흥미로운 사

실은 집값이 폭등하는 시점에 다주택자는 무주택자에게 아파트를 팔았습니다. 집값은 계속 오른다고 했는데 왜 다주택자는 서울 아파트를 팔았을까요? 계속 가격이 오르는 아파트도 계속 가격이 하락하는 자산도 없습니다. 변화를 인정하고 생각을 달리하면 내 집 마련도 잘할 수 있습니다.

9

AI 앞에
나 떨고 있나?

혁신의 기본을 생각하다

_____ **너, 인공지능 써봤어?**

- **박시동** 큰 흐름이냐 작은 흐름이냐가 중요한 게 아니라 '흐름'을 알아야 잘 살 수 있다고 이야기했습니다. 흐름이라는 게 곧 '변화'잖아요? 인류 모두에게 닥치고 있는 가장 강력한 변화는 바로 인공지능이 아닐까 합니다.

- **안진걸** 과연 이 주제, 우리가 잘 다룰 수 있을까요?

- **이광수** 일단 어떤 문제든 겁을 내면 안 됩니다. 겁내고 눈 감으면 도태되는 거예요. '알 수 있다'라는 마음가짐을 가져야 합니다.

- **박시동** 맞습니다. 우리가 첨단과학 이야기를 전문적으로 할 건 아니지만, 그래도 이와 관련된 변화의 흐름을 짚어야죠. 이 정도는 다뤄야 경제 전문가 아니겠습니까.

• **안진걸** 그런 자신감을 보니 갑자기 신뢰가 확 갑니다.

• **이광수** 그나저나 챗GPT 써보셨어요? GPT-4 터보가 나왔고, 얼마 전에 GPT-4 옴니가 나왔던데요. 짧은 시간 동안 버전이 네 번이나 바뀌었습니다. 이건 뭘 의미하느냐. 발전 속도가 미친 듯이 빠르다는 겁니다. 그러니 우리가 이미 경험해본 챗GPT를 가지고 이런저런 변화를 예측하는 건 의미가 없고요. 그보다 훨씬 더 많이 발전된 형태를 예상해야 합니다.

• **안진걸** "우와, 이미 AI가 우리 생활에 다 들어왔네" 정도가 아닌 수준일 거라는 거죠. 제가 모 소프트웨어 회사 자문위원인데요. 2~3년 전에만 해도 메타버스 이야기를 많이 했거든요. 최근 1~2년 동안은 계속 AI 이야기가 중심입니다. 당장 현실에서 산업이 완전히 바뀌고 있습니다.

• **박시동** 일단 AI를 산업에서 사용하면서 나오는 혁신적 사례가 알려지고 있습니다. 제철소 사례가 유명한데요. 똑같은 시설, 똑같은 원재료, 똑같은 제조 공법으로 쇳물을 생산해도 매번 산출량이 달라지는 겁니다. 그래서 그 최대치 산출량을 만들어내는 비밀이 정말 궁금했겠죠. 수수께끼 같은 비밀의 답을 찾기 위해 많이 노력했습니다. 미세하게 공정을 바꿔보기도 하고, 원재료의 비율을 조금씩 달리하는 실험도 했고요.

그런데 쇳물의 생산량에 영향을 미치는 요인이 너무 많았던 겁니다. 하다못해 제철소 안 공기 하나만 보더라도 온도, 습도, 산소 비율 등 얼마나 많은 변수가 존재하겠어요. 이런 이유로 그동안은 수십 년의 경험을 축적한 숙련된 생산 책임자, 일명 '달인'의 판단에 의존할 수밖에 없었다는 겁니다. 웃기는 에피소드이지만 "내가 무릎이 시린 거 보니까 오늘은 철(fe) 좀 더 넣어야겠다" 이런 식으로 했다는 거죠.

• **안진걸** 에이, 설마요! 그만큼 최적의 산출량을 만들기 위한 황금비를 찾기가 너무 어려웠다는 거죠? 사실 확률 게임도 변수가 너무 많으면 계산을 포기할 수준이 되고, 그냥 복잡계로 들어가버리는 거죠. 물론 저는 우리 할머님들 무릎 신경통 일기예보가 정확하다는 걸 믿고 살아왔습니다만.

• **박시동** 그런데 최대 생산량을 위한 황금비를 풀어낼 수 있는 시대가 되었습니다. 바로 AI입니다. 이제 쇳물이 나오는 기계에 IoT를 이용해서 데이터를 채집하고 저장할 수 있는 시대가 됐습니다. 그런 데이터를 수년 동안 모아서 어떤 조건에서 어떤 품질의 쇠가 얼마큼 나왔는지 분석해 최적의 패턴을 찾아내게 됐습니다. 조건을 맞춰서 생산하라고 인공지능에게 시킬 수 있겠죠. 그랬더니 단 1g의 원료도 추가 투입하지 않고 하루에 200여 톤이 넘는 쇠를 더 만들었다고 합니다.

• **이광수** 이 사례는 너무 유명하죠. 기사도 많이 나왔습니다. 포항제철소의 사례인데요. 생산량이 연 8만 5,000톤 증가했고, 품질 불량률이 기존 대비 63% 감소했습니다.

• **박시동** 이런 사례는 현장에서 속속 적용되고 이미 상당한 성과를 내고 있습니다. 자동차 부품을 제조하는 대기업에서는 현장에서의 소리를 전부 데이터화 해서 채집한 다음, 불량률 및 설비의 마모도를 AI에게 계산시킵니다. 그다음 어느 라인에서 특정한 소음이 미세하게 올라가면 마모도가 달라지는 것을 캐치해서 불량률을 줄이고, 설비의 교체 타이밍을 잡는 것으로 최고의 생산량을 맞추고 있습니다.

이게 사실은 생성형 인공지능 같은 높은 수준이 아니라, 인공지능으로 치면 단순한 수준의 일이라고 합니다. 현장에서 적용할 때는 이렇게 패턴을 찾아내는 인공지능이 더 실용적이라고 해요.

기술혁명의 시대, 미국 패권이 강화된다

• **안진걸** 세계에서 우리나라의 AI 경쟁력이랄까, 위치는 어느 정도 될까요?

• **박시동** 2023년에 각국을 비교한 표가 있는데 미국을 100이라고 쳤을 때, 2등인 중국이 60쯤 됩니다. 3~7등까지가 45점대 정도 되고, 한국은 6~7등 수준입니다. 그런데 이런 순위는 사실 큰 의미가 없습니다. 미국이 압도적으로 1등이거든요. 즉 1등 밑으로의 차이가 너무 큰 거죠.

• **이광수** 경제 성장의 측면에서든 혁신의 속도에서든 미국은 압도적입니다. 일부에서 "미국이 무너진다. 미중 패권전쟁에서 미국이 밀린다"고 이야기하는 사람들이 있는데요. 사실 미국의 저력은 엄청납니다. 한때는 중국이 미국을 따라잡는 듯 보였고, 미국 사회의 성장률이 주춤하는 듯했지만 다시 격차가 커지고 있습니다.

• **박시동** 그러니 미국 기업의 성장을 잘 들여다보길 바랍니다.

• **안진걸** AI 분야의 현자라 불리는 박태웅 의장이 쓴 책 제목이 『눈 떠보니 선진국』인데요. 우리가 하루아침에 선진국이 되었다, 이제 우리도 자부심을 갖자는 의미가 아닙니다. 박태웅 의장의 지적은 너무 빨리 선진국이 됐기 때문에 다른 나라들이 오랜 발전 과정에서 당연히 갖추게 된 중요한 것들을 우리는 건너뛰거나 빠뜨렸다는 거예요. 그걸 빨리 채워야 한다는 거죠.

• **박시동**   유시민 작가가 예전에 말한 개념 중에 '후불제 민주주의'라는 게 있는데, 그것과 유사하군요. 맞습니다. 우리가 조직에서 이런 말을 많이 해요. 빨리 해야 하는 일보다 중요한 일을 먼저 하라고요. 그런 조직만이 성장한다고요. 나라도 마찬가지입니다. 빨리빨리만 외치느라 중요한 것들을 놓치면 결정적인 순간에 격차가 벌어집니다.

• **이광수**   나라나 조직만이 아니라 개인의 삶도 그렇죠. 중요한 것을 먼저 챙겨야 투자 리스크도 줄이고, 결국 성공하는 삶을 살 수 있습니다.

• **안진걸**   나라의 수준을 보려면 그 나라 최고 엘리트가 어디에 있는지를 보라는 말이 있습니다. 중국은 최고 엘리트들이 시진핑의 권력을 위해 일하지만, 미국의 최고 엘리트들은 실리콘밸리에 있다고 하잖아요.

• **이광수**   스탠퍼드 대학교가 매년 발표하는 AI인덱스 자료를 보면, 선진국들은 AI 인력 순유입이 이뤄지고 있는데, 정말 안타깝게도 우리는 인구 1만 명당 마이너스 0.3을 기록했어요. 순유출입니다. 인재들이 이 나라를 떠나고 있습니다. 아마도 이 분야에서 가장 뛰어난 전문가들이 아닌, 비전문가들이 정부 정책에 대한 의사결정을 하는 데에도 문제의 원인이 있지 않을까

요? 이 산업을 키우고 국제 경쟁력을 가져야 하는데, 그 분야를 잘 모르는 이들이 의사결정을 하면 문제가 터집니다.

• **박시동** IT 분야는 특히 그렇지 않을까요? 구글 CEO를 지낸 에릭 슈미트 같은 경우 미국 인공지능 국가안보위원회(NSCAI) 위원장이에요. 스웨덴 같은 복지국가를 보면 수많은 민간 전문가들이 의회와 관련된 일을 하는데, 각 분야에서 정말 뛰어난 사람들입니다. 그냥 박사 학위가 있는 정도가 아니라, 실제 민간에서도 뛰어나게 인정받는 이들이 사회적 역할도 하게끔 국가의 시스템이 움직인다는 겁니다.

• **안진걸** 그런데 현 정부에서 국가 R&D 예산을 확 줄였습니다. 정말 이해가 안 됩니다. 비전문가가 정책을 결정해서 실수하는 정도가 아니고, 뒷걸음치고 있습니다. IMF 때 나라가 망할 정도로 힘들어도 R&D 예산을 줄이지 않았습니다. 과학 한국, 기술 한국이 결국 우리를 먹여 살린다는 신념으로 지켜온 국가 정신이었는데, R&D 예산이 줄어든 건 역사상 처음입니다.

지금 전쟁이 났습니까? 국가 부도가 났습니까? 정말 우리가 저 정도 돈이 없는 건가요? 왜 우리 미래를 절단 내는 결정을 하게 되는 것일까요.

• **박시동** 그래서 의사결정도 엉망으로 하죠. 미국 나사에서 달

탐사 프로젝트 '아르테미스'에 우리나라 위성을 실어주겠다면서, 100억 정도만 있으면 가능하다고 했는데 돈이 없다고 거절했죠.

• **안진걸** 100억이 없어서 중요한 국제 우주 프로젝트도 못 한다면서, 광화문 광장에 110억 들여서 초대형 태극기를 설치한다고 하는데, 이게 말이 되는 겁니까? AI, 항공우주 분야는 지금 차세대 패권을 잡기 위한 전쟁 그 자체인데, 도대체 IT 강국 한국의 명성은 어디로 사라지고 있는 것인지….

• **박시동** 인공지능을 개발하는 데 엄청나게 돈이 많이 들기 때문이죠. 챗GPT가 한 번 버전업을 할 때마다 약 1조 가까운 비용이 든다고 합니다.

• **안진걸** 이 분야에서 미국이 압도적일 수밖에 없는 이유가 있네요.

• **이광수** 절대적 금액으로 미국과 우리가 경쟁할 수는 없겠지요. 그럴수록 지혜가 필요합니다. 예를 들어 우리나라와 미국이 AI 산업을 함께 키울 수도 있지 않나요? 어차피 글로벌시장에서 한글로 된 데이터가 많이 필요하기도 하고, 한국 기업들이 산업 현장에서 필요한 AI를 함께 개발할 수 있도록 정부가 나서면 윈윈할 수 있지 않을까 합니다.

또한 정부가 민간이 감당할 수 없는 고비용 투자를 공유경제 개념으로 이끌어가는 거죠. AI 산업계에서 가장 필요하다고 생각하는 LLM 모델 같은 고비용 투자를 하고, 그 성과를 오픈해서 우리나라 민간기업 모두가 사용하게 함으로써 개별 기업의 비용을 절감해주면 어떨까요. 민간은 정부가 만들어낸 성과 위에서 각자 특화된 사업 모델을 만들 수도 있는 것이죠.

• **박시동** 박태웅 의장과 방송을 같이한 적이 있는데, 그때 이런 말을 했습니다. "한국은 제조업 국가다. 그것을 잊으면 안 된다." 무슨 말이냐고 물어봤더니, 이런 뜻이라는 거예요. 제조업이 뭡니까? 기술이 좋다는 거죠. 그런데 좋은 기술은 늘 과학과 같이 붙어 있습니다. 즉 기술에 도움이 되는 과학을 개발하는 것이 제조업 국가의 성장에 절대적인 영향을 미친다는 거예요. 그런데 이제까지 우리나라는 과학과 기술을 분리해왔어요. 과학은 다른 나라에서 하고, 우리는 과학에 대한 투자는 나중에 하고 '일단 빨리 기술을 써서 돈부터 벌어!' 이런 식이었다는 거죠.

나라야, 돈을 마구 버릴 거면 과학자들에게

• **안진걸** 아까 챗GPT를 개발하는 데 돈이 많이 든다고 했는데, 사실 대한민국은 엄청난 부자입니다. 우리 국력과 경제력을 과

소평가할 필요가 없습니다. 4대강 사업을 봅시다. 아무 생산성도 없는 일에 30조 원을 퍼부었습니다. 사실상 강바닥에 돈을 퍼다 버리고 일부 건설사들 배만 불려줬죠. 그 돈을 버렸는데, 역설적으로 이 나라가 별 탈이 안 나잖아요. 강바닥에 30조라는 천문학적인 돈을 버렸는데도 버티는 경제입니다. 우리나라, 정말 부자 국가예요.

- **박시동** 자원외교에는 더 많이 돈을 버렸죠.

- **이광수** 그 돈이면! 과학에 투자했으면 더 잘됐을 텐데요. 개인이 투자할 좋은 기업이 많이 생기고, 기업도 돈을 벌고, 나라도 잘되고!

- **안진걸** 복지에 투자했어도 엄청난 복지 강국이 됐을 겁니다. 그러면 지금 주 4일제가 뭡니까. 주 3일제 하고 있을 거예요.

- **박시동** 그런데 돈을 막 갖다 버렸어!

- **안진걸** 그런데 나라가 망하지 않아요.

- **이광수** 그 돈을 그냥 과학자들에게 막 나눠주지. 아니면 차라리 전 국민에게 똑같이 주든가요. 그랬으면 아무 일이 없는 게 아니

라, 천지가 개벽할 정도로 우리 모두 잘살 수 있을 겁니다.

_____ **AI 규제, 모두의 생존 문제**

• **박시동** 우리가 AI에 대해 이야기하는 이유를 좀 더 들여다봐야 할 것 같은데요. 무엇보다 일자리가 없어지는 게 문제 아닐까요. 일자리 차원이 아니라 아예 인간을 대체해버리는 거죠. AI가 작곡도 하고 그림도 그리는 세상이 됐단 말이죠. 이렇게 우리가 변화를 예측하고 미래를 대비한다는 게 과연 가능이나 할까요?

• **이광수** 제가 제일 걱정하는 건 바로 '속도'예요. 지금 이런 이야기를 하는 것 자체가 내일이면 무의미할 정도로 변화의 속도가 빠르다는 거죠. 그 속도가 격차를 만들어낼 것 같아요. 그러니까 챗GPT를 아직 안 써본 이들이 더 많을 것 같은데, 이미 챗GPT 없이는 아무것도 못 하는 세상이 될 수도 있다는 거죠.

• **안진걸** 때문에 AI를 잘 사용하는 것도 중요하지만, AI를 합리적으로 규제하는 데 적극적으로 나서야 한다는 목소리가 높습니다. 제프리 힌턴이라고 '인공지능의 대부'라 불리는 과학자가 있습니다. 이분이 메타가 고성능 라마 3.1을 공개한 것을 두

고 "전 세계 범죄자들이 환호성을 지를 것"이라고 했어요. 메타에서는 철저히 안전 검사를 거쳤다고 하는데요. 힌턴은 AI는 다른 오픈소스 소프트웨어와는 달라서, 같은 방식으로 완벽하게 통제할 수 없다고 주장합니다.

• **박시동** 이스라엘-하마스 전쟁에서 이미 보고 있잖아요. 너무나 충격적인 전쟁 범죄가 AI로 인해 일어나고 있어요. 이스라엘에서 하마스를 찾아내기 위해 AI 프로그램을 이용해서 인물과 위치 정보를 찾아내고 있어요. 물론 오류 가능성도 있고 하마스 요원이 위치한 곳에 다른 민간인들이 다 같이 있을 수 있는데, 안타깝게도 이스라엘 군은 AI가 도출한 위치 정보에 즉각적으로 무자비한 폭격을 감행하고 있죠.

나중에 전범재판이 열릴지는 봐야겠지만, 분명히 이스라엘 군 명령권자는 내 의지가 아니라 AI가 정해준 것을 믿은 죄밖에 없다는 식으로 AI에게 책임을 전가할 게 뻔하죠. 인간이 AI에 종속되는 게 아니라, AI를 어떻게 통제할지를 논의해야 하는 게 왜 중요한지를 극명하게 보여주는 사례입니다.

• **이광수** 아이고!

• **안진걸** 전쟁 같은 충격적인 사건이 설마 우리 곁에서 일어나겠어? 이런 생각이 들겠지만 인간의 생명이 위협받을 수 있는 일

은 얼마든지 일어날 수 있습니다. 가짜 뉴스는 더 많아질 거잖아요? 그러면 서로의 증오를 부추기는 가짜 영상이 나오고, 그게 아무리 봐도 진위를 판명할 수 없고, 이미 퍼질 대로 퍼지고 나면 아무도 책임질 수 없는 상황이 벌어지는 거죠. 그래서 인공지능의 시대에는 공정한 언론을 지켜내고, 모든 미디어와 개인 SNS에서도 팩트체크를 일상화하는 일이 중요합니다. 이건 그 어느 때보다 심각하게 국가적 과제로 모두가 지켜내야 한다고 봅니다.

- **박시동** 그 반대로 가는 일이 벌어지고 있어서 속이 터지지만, 아무튼 AI 규제는 이제 모두의 생존이 걸린 문제가 돼가고 있습니다.

- **이광수** 국가적 과제라는 이야기를 했는데요. AI 개발도, AI 문제를 막는 것도 이제 국가가 나서야 하는 과제인 것 같습니다. 그 영향력과 범위가 너무 막대해서 개인과 기업이 책임지라고 하기가 어려우니까요. 그러면 이런 임무와 관련된 산업에 대한 국가의 지원, 특히 고용에 대한 지원이 늘어야 한다고 생각하는데요. 이런 지원에 더 과감하게 나설 수 있지 않을까 해요.

우리, 과거처럼 살지 맙시다

• **박시동** 그게 바로 이 급격한 기술 변화에 어떻게 대처해야 하는가라는 문제죠.

• **이광수** 우리가 이 문제에 접근할 때 개별 기업을 키우고 특정 분야를 키우는 식이 아니라, 다 연결돼 있다는 관점에서 접근해야 한다는 거죠. 우리는 이런 식이잖아요. 코딩이 중요하다고 생각하면 코딩 개발자만 키워요. 그런데 코딩과 개발자만 필요한 게 아니잖아요. 같이 역량을 키워야 할 분야가 있을 텐데, 이에 대한 지원도 필요하다는 거죠.

• **박시동** 그렇습니다. 저는 그런 점에서 교육에 관심이 높은데요. 우리나라가 이제 '질문'을 잘하는 교육을 해야 하지 않나 싶어요. 인공지능이 '보통 수준의 답'은 다 만들어주잖아요. 그러면 결국 우리가 해야 할 일은 더 나은 답을 찾을 수 있는 질문의 능력을 키우는 게 아닌가 합니다.

• **안진걸** 의심하기 위해서라도 질문하는 능력이 중요합니다. 챗GPT에 물으면 그럴싸한 답을 만들어주잖아요. 그런데 "너, 무슨 근거로 이런 답을 했어?"라고 몇 가지를 물어보면 "근거는 없는데 추정해서 만들었다"라고 답한답니다.

• **이광수**　이제 인공지능을 취조하고 의심하는 능력이 인간에게 필요하군요. 그게 미래의 생존 기술이네요.

• **안진걸**　그런 점에서 저는 정말 책을 많이 읽어야 한다고 생각합니다. 그러고 보니 저도 책을 별로 못 읽고 있네요.

• **이광수**　그건 제가 누구보다 공감합니다. 제가 투자를 잘하려면 자기만의 방법을 찾아야 하고, 자기만의 방법을 찾으려면 유튜브 보지 말고 기사, 보고서, 책을 보라는 말을 했잖아요? 인공지능을 잘 사용해서 부자가 되려면 책을 읽어야 합니다. 그리고 혼자 독서할 수 있는 능력을 키워야 해요.

• **박시동**　인공지능도 결국 인류가 만들어낸 수많은 책에 들어 있는 지혜를 학습하는 거잖아요. 아니, 그런데 우리는 왜 안 하냐고요. 인간이 만든 것이니 인간이 읽을 수 있어야죠. 그러니 두꺼운 책을 겁내지 말고 읽어봅시다. 이거, 돈 버는 이야기를 하려고 했는데 갑자기 독서 캠페인이 됐네요.

• **이광수**　이게 바로 교육에 대한 이야기인 것 같아요. 우리가 인생을 길게 살아야 하고, 또 기술이 급격하게 발전하기 때문에 좋은 교육의 중요성이 점점 커져요. 아이들에게만 해당되는 이야기가 아니라 어른들에게도 마찬가지입니다. 이렇게 세상이

인공지능을 잘 사용하여 부자가 되려면
책을 읽어야 합니다.

변하는데 내가 10대 때, 20대 때 배웠던 것으로 50대, 60대를 살아갈 수 없잖아요.

• 안진걸   저는 우선 아이들을 경쟁시키는 교육에서 벗어나야 한다고 생각합니다.

• 이광수   바로 그 포인트입니다!

• 박시동   그건 원래 내 멘트인데요.

• 이광수   누가 하면 어떻습니까. 저는 입시 경쟁은 인간의 능력을 더 저하시킨다고 생각해요. 일단 입시 경쟁은 너무 고통스럽잖아요. 인간이 고통스러운 일을 하는데 더 나은 생각을 하기는 어렵잖아요. 그런 고통스러운 경쟁이 아니라, 자신과의 즐거운 싸움을 해가는 능력을 키워야 합니다. 그래야 이렇게 변화무쌍한 세상에서 살아남을 수 있어요.

• 박시동   너무나 중요한 포인트입니다. 이제 마무리를 할까요? 어떻게 마지막 마무리를 할 수 있을까요?

• 안진걸   우리 이렇게 살지 맙시다!

- **박시동** 맞습니다. 우리가 앞에서 제철소의 혁신 사례를 이야기했듯이 대단한 인공지능이 아니라도, 어느 정도 수준의 인공지능이라도 잘 이용해 잘 살 수 있는 방법을 얼마든지 찾을 수 있습니다. 다만 살았던 대로만 살려고 하지 않는다면 말입니다. 이게 혁신의 시대를 살아가는 기본입니다.

벌기도 하고

행복하기도 하고

에필로그

노후를
부탁해

• **박시동** 저희가 부동산부터 투자까지 여러 경제적 걱정을 많이 하는 데에는 결국 지금 당장보다 미래가 문제이기 때문 아닐까요. 경제도 안 좋지만, 우리가 점점 더 오래 살기도 해요. 기대수명이 점점 늘어나고 있습니다. 이런 상황에서 우리가 준비해야 할 노후와 경제, 어떤 것이 있을까요.

• **안진걸** 노후 문제는 노인의 것이 아닌 것 같아요. 20대, 30대, 40대가 다 이런 생각을 하잖아요. '내가 지금은 건강하고 아직 젊으니 버티더라도, 60대가 돼서 배우자도 나도 일자리를 잃고 건강도 나빠지면 어떻게 살아야 하나?' 50대부터 희망퇴직, 정년퇴직을 하는데 수명은 80세를 넘어갑니다.

- **박시동** 평균 수명이 이제 80세는 무조건 넘겠죠.

- **안진걸** 좀 있으면 90세까지 될 거예요. 이제 백세 시대잖아요. 이건 정말 불안하거든요. AI다 뭐다 해서 일자리도 다 변하거나 없어질 것 같고, 지금 알고 있는 지식만으로는 4차 산업혁명에 적응하기 힘들 것 같고요. 나이가 들면 체력도 약해지고 머리도 전처럼 돌아가지 않으니 모든 게 불안해지는 거죠. 거기에다 높은 교육비에 자식들 뒷바라지, 의료비, 통신비, 대출 이자, 교통비까지 돈이 너무 많이 들어요.

- **박시동** 청년들이 일자리도 없으니까 캥거루족이 늘고 있죠.

- **안진걸** 우리가 투자 이야기도 많이 했지만 결국 경제에서는 소득이 충분한가, 일자리가 충분한가, 이 문제가 중요합니다. 만약 유럽 복지국가처럼 연금제도가 잘 갖춰져 있다면 그래도 덜 불안하겠죠. 우리는 국민연금 가입자가 아직도 얼마 되지 않고 평균 수령액이 100만 원 안팎입니다. 통계청이 발표한 4인 가족의 평균 지출 비용을 보면 400만 원이 넘고 있는데, 현재의 국민연금 수령액으로는 안정된 노후생활이 불가능하죠.

- **박시동** 4인 가족이 그 돈으로 살 수 없을 것 같은데요.

• 안진걸   맞습니다. 최근의 물가 상승을 염두에 둔다면, 그리고 문화생활과 최소한의 저축까지 생각한다면 최소 1인당 200만 원은 있어야 하지 않을까요. 아이를 키운다면 더욱 많이 필요하겠죠.

• 이광수   문제는 고령화, 저출생 사회로 가면서 경제가 더 어려워질 거라는 거예요. 특히 내수경제가 어려울 겁니다.

• 박시동   일본이 그렇잖아요. 연세 드신 노후 세대들이 돈을 풀지 않아요.

• 안진걸   저는 우리가 연금 문제, 노후소득 보장도 중요하게 다뤄야 한다고 봅니다.

• 박시동   연금개혁 문제가 심각하게 대두되지 않겠습니까?

• 안진걸   지금이 연금개혁의 마지막 골든타임이라는 지적이 많습니다. 그런데 아직도 연금개혁의 첫발도 못 떼고 있습니다.

• 박시동   사실 지금의 제도를 수정하지 않으면, 3년 뒤부터는 연금에 새롭게 들어오는 돈보다 지출되는 돈이 더 많아지기 시작합니다. 즉 보험료 수입보다 연금 지급액이 많아지는 것이지요.

• **안진걸** 이런 흐름을 방치하면 실제로 연금은 고갈되겠죠. 문제는 '고갈'에 대한 공포심만 강조할 뿐 개혁에 나서지 않는다는 점입니다. 사실 고갈에 대한 공포는 과장돼 있다고 봐야 합니다. 2055년까지 우리가 아무것도 안 하고 이대로 쓰기만 할 것은 아닐 테니까요.

연금개혁이 지지부진한 점도 비판해야 하지만, 일부에서 국민연금을 무조건 못 받는 것처럼 선동하는 것도 비판받아야 합니다. 적어도 우리나라에서 그런 일은 일어나지 않겠지요.

• **이광수** 연금개혁은 일단 두 가지 파트가 동시에 진행돼야 합니다. 하나는 모수개혁이죠. 얼마나 더 내고, 얼마를 받을지를 개혁해야 합니다. 이대로는 고갈로 갈 뿐이니까요.

다른 한편으로 구조개혁을 해야 합니다. 지금의 연금은 적립식으로 보험료를 차곡차곡 모아서 나중에 연금으로 지급하는 방식인데, 모수개혁만으로는 결국 한계에 부딪힐 수밖에 없습니다.

적립식을 부과식으로 바꾸거나, 공무원연금이나 군인연금처럼 국가재정이 투입되거나, KDI가 제시한 방식처럼 기존 연금과 다음 세대를 연금을 구분해서 구연금·신연금으로 구분하는 등 근본적인 구조개혁에도 나서야 합니다.

• **박시동** 구조개혁을 통해서 안정적인 틀을 만들고, 모수개혁을

통해서 최대한 소득대체율을 높이는 방안 둘 다 잡아야 하는 어려운 문제임에는 분명합니다. 그러나 노년층의 안정된 생계를 어느 정도 담보하지 못하면 고령화된 사회에서 새로운 경제성장의 동력을 찾을 수 없을 겁니다.

• **안진걸** 일단 국민연금을 더 많은 국민에게, 더 많은 금액을 줘야 해요. 국민연금은 가입자 수익률이 아주 좋습니다. 법정 의무가입만 알고 있는 분들이 많은데, 납부 예외자들의 임의가입도 있습니다. 그래서 촉이 좋은 분들은 임의가입을 많이 합니다. 국민연금의 수익률이 민간연금보다 월등히 높다는 걸 아는 거죠. 물론 수익률은 변동이 있을 수 있겠지만, 분명한 것은 국민연금은 사회보험으로서 저소득층에게 더 도움이 되고, 국민 모두에게 가장 좋은 노후소득 보장 방안이라는 것입니다. 보장을 강화하려면 사회적 합의가 있어야 하고, 그 과정에 진통도 있겠지만 결국에는 가야 할 방향입니다.

• **이광수** 그렇지요. 늘어나는 노년층이 남은 생에 대한 불안을 줄여야 안정된 소비도 할 수 있을 겁니다.

• **박시동** 국민연금 이외에 우리가 노후 대비를 위해 준비해야 할 다른 문제들도 많지요?

• **안진걸** 어쨌든 노인 일자리를 계속 만들어야 합니다. 공공근로가 어르신들에게 굉장히 도움이 됐거든요. 노인 최저임금을 없애려고 하는데 그런 건 하면 안 되죠. 그러면 우리나라 어르신들이 더 빈곤해지죠. 이 부분이야말로 사실은 진보, 중도, 보수 할 것 없이 정치권이 힘을 모아야 해요.

• **이광수** 노후의 경제생활에 대한 상담을 많이 하시는데요. 사실 노후야말로 개인의 노력으로는 어려운 측면이 너무 큽니다. 사회적인 배려와 복지, 사회보장 제도가 필요한 거고요. 또 하나 중요한 게 뭐냐면 노후 세대가 가진 자산 중 부동산이 차지하는 비중이 엄청나게 크다는 겁니다.

• **박시동** 어느 정도나 되나요?

• **이광수** 우리나라 65세 이상의 가계자산 중에서 81%가 부동산입니다. 엄청나게 많은 자산이 부동산에 집중됐다는 거죠. 그 이유는 우리나라 노인 세대가 부동산 가격이 계속 오르는 시대를 살아왔기 때문이에요. 돈이 있으면 집을 사고 또 부채를 일으켜서 집을 바꾸는 걸 계속 반복해왔다는 거죠.
 결국엔 퇴직 시점이나 노후가 돼서도 자산의 대부분이 부동산인 상황이에요. 기업으로 치면 고정자산은 많고 유동자산은 적은 거죠. 근데 노령 세대가 되면 어떻습니까? 수입은 감소하고 쓸 돈이 많아지잖아요. 쉽게 말해서 부동산보다도 이제 쓸 수 있는 유동화된 자산이 많이 필요해요. 자, 이제 선택의 문제죠. 이 부동산을 어떻게 처리할 건가? 이 문제가 사실 대한민국에서 노후의 가장 핵심이라고 보고 있습니다.

• **박시동** 역시 한국 사회가 맞닥뜨리는 모든 문제가 사실은 부동산에서 다 걸리는데, 노후 문제도 그렇네요.

• **안진걸** 주택금융공사가 그래서 주택연금을 도입했잖아요. 그걸 모르는 분이 여전히 많으시더라고요. 주택연금이 노후생활에 상당히 효과적이라는 평가를 받고 있어요.

주택연금으로 주택을 맡기고 거기서 일부 돈을 받고 사망 시에 그 주택을 처분해서 정산하는데, 사망 시에 남으면 상속이 되지만 모자랐다고 해서 토해내는 경우는 없어요. 그렇기 때문에 주택연금에 주목할 필요가 있다고 봅니다. 국민연금으로 다 안 되잖아요.

2024년 현재 국민연금 평균 수령액이 57만 2,000원, 부부 합산 103만 원이에요. 하지만 부부가 살기에 이것만으로는 충분하지 않기 때문에 집이 있는 분들은 주택연금과 결합하면 상당히 도움이 될 텐데, 아직 보편화가 덜 됐다고 봐야죠.

• **이광수** 주택연금도 사실 한계가 없는 것은 아닙니다. 어차피

주택연금의 전체 운용자산이 무제한은 아니니까요. 주택연금 신청자가 많아지면 많아질수록 혜택도 줄어들 거고요. 그리고 주택연금의 대상인 주택의 가격 그 자체도 시간이 갈수록 줄어들 가능성이 있습니다.

그런 측면에서 지금의 노년 세대보다 5060이 노후를 걱정해야 합니다. 이제 베이비붐 세대가 본격적으로 은퇴하는 시기가 오고 있지 않습니까? 2025년부터는 한국이 초고령 시대로 들어가게 됩니다.

• **박시동** 마지막 시계가 째깍째깍 가고 있어요. 베이비부머의 본격적인 은퇴가 미치는 경제적 영향도 엄청나거든요.

• **이광수** 그동안은 천천히 들어오는 물 같았다면 엄청나게 거대한 변화가 일어나는데, 이런 상황 속에서 개개인도 선택을 잘해야 합니다. 노후를 준비할 때 가장 중요한 전제조건은 내가 생각한 것보다 오래 살 가능성이 크다는 거예요.

• **안진걸** 맞아요. 지금 생각하는 수명보다 더 오래 살 거예요.

• **이광수** 서글프지만 긴 수명은 리스크예요. 그래서 이 노후 세대에 특히 투자를 더 잘해야 해요.

• **박시동**　그러네요.

• **이광수**　투자 방식을 바꿔야 합니다. 소득이 계속 들어올 수 있는 연령대에서는 전체적인 볼륨을 쌓아가는 투자가 좋습니다. 자산을 늘리고 빚도 과감하게 일으켜서 레버리지 투자를 해도 됩니다. 가격이 오른다는 전제하에 부동산 투자를 하는 것도 좋습니다.

　하지만 고령 세대로 가면 상황이 다릅니다. 일정하게 들어오던 소득도 줄어들거나, 아예 정기적인 소득이 사라질 수밖에 없습니다. 이런 연령대에서 부동산 투자는 좋지 않아요. 이제는 늘리고 쌓아가는 투자가 아니라, 지금까지 만들었던 자산들이 스스로 일을 하도록 해야 합니다. 쉽게 말씀드리면 복리를 추구해야 해요. 복리란 이자에 다시 이자가 붙는 겁니다.

• **안진걸**　쉽게 말해서 이자를 받아서 재투자한다는 개념이잖아요. 100만 원에 10% 이자를 받으면 111만 원이 되고, 그다음에는 10% 이자가 붙어서 121만 원이 되는 거죠? 복리의 마법이 위력적이라는 걸 알아야 한다는 말씀이죠?

• **이광수**　하지만 부동산은 그게 안 되지 않습니까? 임대료만 따박따박 들어오는 겁니다. 복리가 아닌 단리 이자 같은 개념이지요. 강남의 임대 수익률은 거의 2%밖에 되지 않아요. 부동산 가

격 자체가 엄청난 상승이 되지 않는 한, 임대소득으로는 부가 쌓이지 못합니다. 노년기에는 그래서 부동산 투자에 특히 신중해야 합니다.

• **박시동** 그거밖에 안 되는군요.

• **이광수** 부동산으로는 사실상 복리의 마법은 어렵습니다. 자산의 이자가 다시 재투자되고 계속 쌓아가는 투자를 해야 합니다. 때문에 부동산을 현금 흐름이 확보된 자산, 투자 대상 그리고 계속 복리를 쌓아갈 수 있는 자산, 이 두 교집합에 이르는 자산으로 바꿔야 하는 거죠.

• **박시동** 좋은 말씀입니다. 노후를 대비한 종합적인 포트폴리오 리밸런싱에 대해서도 틀을 깨고 바꿀 필요가 있네요.

• **이광수** 금융자산을 상담하려고 은행이나 증권사에 가서 상담을 합니다. PB분들과 얘기를 해도 문제 해결이 안 돼요. 왜 그럴까요? 부동산이 해결되지 않으면 근본적인 해결이 어렵습니다. 배당주식을 사라고 권유를 많이 받는데요. 몇억에서 몇십억 되는 부동산에 큰돈을 그대로 묶어둔 상태에서, 겨우 매달 150만 원씩만 배당주를 산다고 가정해볼게요. 그 정도 주식에서 나오는 배당금이 노후경제와 가정생활에 얼마나 큰 도움이

되겠어요? 결국 부동산에 대한 포트폴리오 대수술이 없으면 좋은 대안이 나오기 힘들어요.

· **안진걸** 저는 빨리 기본소득에 대해 우리 사회가 검토하면 좋겠습니다.

· **박시동** 기본소득 사회로의 전환은 어떻게 보십니까.

· **안진걸** 찬성이죠. AI라는 4차 산업혁명과 관련해서 기본소득이 전 세계적으로 검토되고 있습니다. 우리사회에서도 다양한 모델을 실시하고 있는 곳이 있습니다. 전남 신안군 같은 경우는 '신재생에너지로 매달 몇십만 원씩 받으세요'라는 기본소득을 시행합니다.

신안은 신재생에너지 산업에 기반할 수가 있다는 게 다행이지만, 전국을 대상으로 기본소득을 검토한다면, 아직 사회적 합의나 재원에 대한 논의가 부족한 것도 사실입니다. 가령 전 국민에게 매달 100만 원씩 주자고 한다면, 지금 단계에서 어렵겠죠. 재원 마련에 대한 백가쟁명식 논쟁만 난무할 것 같습니다. 그러니 연령별이든, 지역별이든 기본소득의 기준을 잡고 시범 실시해보는 것이 좋을 것 같습니다. 지역화폐와 결합하고요.

전남 강진은 지역화폐로 아동수당 60만 원을 더 주는 시도를 해보았어요. 정부에서 주는 10만 원으로는 안 올라가던 출생률이, 지자체가 추가 아동수당 60만 원을 더 주니까 실제 출생률이 두 배 가까이 늘었습니다. 어르신들에게도 국민연금이 부부 합산 현재 평균 103만 원이니까 여기에다 조금 더 올려서 기초연금을 노인 기본소득으로 해서 부부 합산 50~100만 원을 보충해준다면 지금보다는 훨씬 인간적인 노후가 가능하겠죠.

• **박시동** 굉장히 좋은 아이디어인데요. 그런데 부자들에게도 줘야 하냐는 반론이 나올 수 있겠어요.

• **안진걸** 아이들의 경우에는 그런 논란이 덜하겠지요. 그러나 어르신들의 경우는 '어른이지 않느냐 본인이 책임져야 하는 거 아니냐, 자산이 있지 않느냐'는 논란이 있겠지요. 저는 하위 소득 70%한테 먼저 도입하는 방법도 있다고 봅니다. 지금 기초연금을 65세 이상 어르신들 중에서 하위 소득 70%에게만 주는 것처럼요.

너무나 비참한 노인 빈곤 문제를 해결하려고 하는 것이잖아요. 게다가 가난한 어르신일수록 병원에 자주 가게 되잖아요. 노인분들이 아프면 자녀 세대들이 간병을 해야 합니다. 그러면 또 그 세대들이 안정적인 경제활동이 불가능해지겠죠. 노후 관련 정책은 어르신들만을 위한 게 아니에요. 모든 세대의 걱정을 덜 수 있으니까 결국 모두에게 도움이 되는 정책이죠.

● **박시동** 개개인의 노후가 결국은 국운이 걸린 중요한 문제입니다. 더불어 경제적인 측면에서도 이런 문제 해결이 시급하다는 것을 많은 분들이 인식하면 좋겠네요.

이야기를 마무리해 보겠습니다. 우리는 불확실성의 시대를 살고 있습니다. 불안합니다. 그래서 경제적으로 깔끔하게 이 안개를 누군가가 걷어줬으면 좋겠다고 생각합니다. 개인의 노력도 노력이지만, 미래의 경제 문제에 대해 중요한 게 무엇인지 알고 있는 것만으로도 안개가 조금 걷히는 기분이 들 텐데요. 두 분은 곧 도래할 미래의 경제 문제에서 어떤 것을 주목해서 보고 있습니까?

● **이광수** 사람들이 이야기를 잘 안 하려고 하는 문제인 것 같은데, 결국 노동 문제를 해결해야 한다고 봅니다. 일을 통해 돈을 벌고 사람들이 투자도 하잖아요. 앞으로 AI와 노동이 경쟁해야 해요. AI가 발달할수록 일자리가 감소하지 않겠습니까. 일자리가 감소하고, 수입이 감소하고, 수요가 감소했을 때 과연 우리는 어떤 조치를 취할 것인가. 줄어든 일자리를 어떻게 배분하고 자산은 어떻게 배분할 것인가. 이게 가장 큰 화두로 보입니다.

● **안진걸** 전적으로 동감입니다. 결국 소득이 없으면 내수도 나빠지고, 뒤이어 기업도 다 망합니다. 선순환 구조를 만들어야죠. 그리고 이제 과감한 분배 정책을 부자 나라답게 시행해야

합니다. 미국의 일론 머스크나 앤드루 양 같은 인물도 기본소득에 찬성하고 있습니다. 많은 학자들이 기본소득은 복지 이슈가 아니라 경제 이슈라고 주장해요. 지속 가능한 경제와 내수 창출을 위해서, 기업을 위해서도 반드시 필요하다는 거죠.

• **이광수** 현 정부에서 주식과 부동산으로 돈을 벌고 자산 형성이 커지는 나라를 만들겠다고 이야기해요. 제가 투자 전문가잖아요. 사실 이런 생각은 신기루와 같은 것입니다. 주식으로 돈을 버는 사람이 대한민국에 몇이나 될까요? 사막에 오아시스가 있다고 사람들을 계속 거기로 이끄는 거예요. 일자리를 통해 소득을 창출하고, 그 소득을 통해서 경제가 발전하는 구조가 기본적으로 선순환 구조입니다.

• **박시동** 우리가 이제까지 살펴본 이야기들이 결국 도달하는 결론은 이거네요. 거대한 시대 변화에 맞춰서 우리의 노동을 어떻게 더 가치 있고 존중받을 수 있도록 만드느냐, 이것이 중요하다는 것입니다. 부자가 되기를 모두가 바라지만 그것이 나의 가치, 우리의 가치를 가볍게 여기는 방향으로 가는 게 아니라, 더 소중히 여기는 방향으로 가야 할 것 같습니다. 우리 모두 힘을 냅시다.

* 부록

알아두면
피가 되고 살이 되는
실전 경제 꿀팁

◎ **대중교통 조조할인제**

수도권 전철, 서울-경기-인천 시내버스에서 교통요금 25%를 할인해주는 제도. 첫차부터 오전 6시 30분 이전까지 개찰구를 통과하는 시간을 기준으로 적용된다.

◎ **한국장학재단 국가장학금 지원제**

소득 분위에 따라 350만 원에서 전액 국가장학금이 지급되는 제도. 다자녀 가구의 경우, 소득 8분위 이하에서는 셋째 자녀부터 등록금 전액이 무상 지원된다.

- 국가장학금 1유형

구분	학자금 지원 구간	학기별 최대 지원 금액	연간 최대 지원 금액
유형	기초/차상위	등록금 전액	등록금 전액
	1구간	285만 원	570만 원
	2구간	285만 원	570만 원
	3구간	285만 원	570만 원
	4구간	210만 원	420만 원
	5구간	210만 원	420만 원
	6구간	210만 원	420만 원
	7구간	175만 원	350만 원
	8구간	175만 원	350만 원

- 다자녀 국가장학금

학자금 지원 구간	다자녀 (신청자 본인 서열 첫째, 둘째)		다자녀 (신청자 본인 서열 셋째 이상)
	학기별 최대 지원 금액	연간 최대 지원 금액	
기초/차상위	전액	전액	등록금 전액
1구간	285만 원	570만 원	
2구간	285만 원	570만 원	
3구간	285만 원	570만 원	
4구간	240만 원	480만 원	
5구간	240만 원	480만 원	
6구간	240만 원	480만 원	
7구간	225만 원	450만 원	
8구간	225만 원	450만 원	

◎ **어르신 통신비 할인 · 감면 제도**

만 65세 이상 어르신은 월 통신비가 22,000원 이상일 경우 11,000원을 할인받을 수 있으며, 22,200원이 넘지 않을 경우 비용의 50%를 감면받을 수 있다. 생계, 의료 기초생활 수급자의 경우 월 최대 33,500원까지 할인받을 수 있으며 기본료 감면 26,000원과 통화료 50%를 할인받을 수 있다. 이 외에도 장애인, 국가유공자 단체의 통화료 할인 혜택도 있다. 단, 알뜰폰을 이용하는 어르신의 경우에는 혜택을 받을 수 없다. 신청은 '복지로 홈페이지'나 각 주민센터 또는 통신사 대리점 방문을 통해 할 수 있다. 통신비 지원 대상자 확인은 각 통신사 114 전화로 할 수 있다.

◎ **금리인하요구권(金利引下要求權)**

금융권 대출이 있는 국민이 자신의 재정이나 신용이 제고된 경우 금융기관에 대출금리 인하를 요구할 수 있는 권리이다. 2019년에 은행법, 여신전문금융업법 등의 개정을 통해 정식 법제화되었다. 금리인하요구권을 행사할 수 있는 사유는 신용등급 상승, 소득 증가, 재산 증가, 취업 및 승진 등이다.

◎ **계좌정보 통합 관리 서비스(www.payinfo.or.kr)**

신용카드 포인트 조회 및 현금화뿐만 아니라 휴면 예금 현금화, 휴면 보험금 현금화, 미청구 퇴직연금 받기, 본인 계좌, 오픈뱅킹, 신용카드별 사용 금액, 대출 내역 확인 등이 모두 가능한 서비스이다. 공휴일에도 현금화가 가능하다. 가까운 은행이나 ATM기 위치 안내 서비스도 제공되고 있다.

◎ **서민금융진흥원(www.kinfa.or.kr)**

긴급생계비대출이나 저소득층·저신용자에게 중저금리로 생활자금 및 사업자금을 대출해주거나 자산 형성을 지원하는 공공기관이다. 과도한 채무 조정 서비스도 제공한다. 현재 전국에 50여 개의 서민금융 통합지원센터가 있으며 온·오프라인에서 다양한 상담과 대출 지원을 받을 수 있다. 대표전화는 국번 없이 1397이다.

◎ **근로장려세제[Earned Income Tax Credit(EITC)]**

일정한 소득과 자산 이하의 노동자와 직장인, 자영업자를 대상으로 가구별로 근로장려금을 지원하는 제도이다. 반기별로 지원금을 받을 수 있고 국세청에서 관할한다. 근로장려금과 함께 아이가 있는 가구는 아동수당과 별도로 자녀장려금도 지원받을 수 있다.

◎ **주택연금제도**

역모기지론에 해당하며 이 중 국가가 보증하는 연금을 주택연금이라 한다. 어르신 세대가 소유한 주택을 담보로 연금을 지급받는 제도로 주택금융공사가 주관한다. 만 55세 이상의 세대가 주택을 담보로 평생 또는 일정 기간 매달 연금을 받을 수 있다. 국민연금과 중복 수령도 가능하다.

미국 연방사법센터, 독일 연방헌법재판소 방문학자 등
20년간 헌법 연구에 매진해온 법학자
김진한과 함께하는 리걸 마인드 키우기!

세상을 지배하기도 바꾸기도 하는 약속의 세계
법의 주인을 찾습니다

김진한 지음 | 18,000원

현대의 정치 사회 갈등을 해결하는 데에 있어서
좋은 법의 역할과 쓸모를 누구보다 예리하게 인식하고 있다.
— 콜야 나우만 독일 연방행정법원 판사

20만 독자들의 선택!
"매년 한 번씩 꼭 다시 읽게 된다."
독자들이 한결같이 사랑한 대한민국 대표 심리서!

프로이트의 의자
숨겨진 나와 마주하는 정신분석 이야기

정도언 지음 | 16,800원

국내 최초 국제정신분석가
서울대 명예교수 정도언이 말하는 무의식의 세계

팔리지 않는 시대!
평생 고객은 어떻게 만들어질까?
평생 할 수 있는 일은 어떻게 찾아질까?

오래가는 브랜드의 생각법
좋아하는 일을 오래 하고픈 이들이 알아야 할 7가지

이랑주 지음 | 17,800원

**40개국, 200개 기업, 1000개 매장에서 뽑아낸
모방 불가능한 브랜드가 되는 노하우!**